DIE FANTASTISCHE WEB

durch

David Theodore

und

Das Web

Sie können alles aus diesem Buch zu kopieren, wenn Sie wollen, auf eigene Gefahr. Ich habe ein wenig es aber der Rest ist einfach die Wahrheit. Central Intelligence wird wohl mein Handy tippen. Ich werde alle Arten von Hass / Fanpost, und das andere Geschlecht aka Geheimnis enternet Prüfer (SEE) bekommen, mich zu lieben wollen, töte mich, oder beides. Aber am Ende werde ich freigesprochen und bewährte nicht schuldig werden. Ich bin nur ein Scherz, ich bin schuldig. Wenn die Ladung bringt Sie Sachinformationen, wie ich weiß, dass es dann bin ich verantwortlich, cupable, haftet und ein anderer Begriff, dass Microsoft Word hat als synonym, die ich verwenden kann. Was auch immer Sie tun, tun Sie mir einen Gefallen ... ..Enjoy. ϑ Alle Rechte vorbehalten. Copyright © 2014 by David Theodore

ISBN-13:
978-1500987855

ISBN-10:
1500987859

davidtheodore@live.com
917-915-2026

Zu meiner Mutter und Vater gewidmet.
Geben, ehrlich und liebevoll.
Ich bin so froh, dass ihr alle es getan hat.

B4 The Web

Das Wort "Computer" geht zurück auf die frühen 1600, aber es war die Schaffung des elektronischen Computer, der mit Riesenschritten in der Geschichte in einer ziemlich kurzen Zeit gemacht hat. Hauptsächlich für militärische Zwecke in den frühen 1940er Jahren entwickelt, konnte die ersten Computer füllen eine durchschnittliche Größe Raum (viel zu groß, um auf Ihrem Couchtisch sitzen). Erstaunlich, in diesen Tagen können Sie buchstäblich halten einen Computer in der Handfläche der Hand, und es ist viel leistungsfähiger als sein Vorgänger immens größer.

Es ist gesagt worden, dass es mehr Tcchnologie in einem Atari-Gaming-System, als es in die erste Raumfähre auf den Mond setzen setzen. Nun stell dir vor, wie viel Wissen in einem iPod oder Smartphone setzen.

In den frühen 1960er Jahren, über zwanzig Jahre nach dem ersten Computer gemacht wurden, dachte die Regierung, es wäre cool, um Computer aus der ganzen Welt miteinander kommunizieren in Echtzeit haben. So ist die Internet-oder Netz kurz war geboren. Obwohl es nicht bis in die späten 1980er Jahre, dass die regelmäßige Bürger konnten über das globale System von miteinander verbundenen Computernetzwerken zu kommunizieren, hat das Internet sicherlich ihr Netz gesponnen einen langen Weg in kurzer Zeit.

Ich erinnere mich nicht allzu lange her, geht aufs College und geben meine Papiere und Aufgaben auf einer Schreibmaschine. Als ich entdeckte, grammatikalische Fehler, musste ich weiß aus oder andere Tricks zu verwenden, um zu versuchen und zu beheben die Fehler. Es stellte sich heraus, in der Regel schlampig.

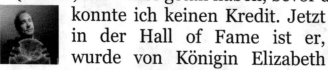

Ich zeigte Tim Berners-Lee, wie man die erstaunliche Bahn in den späten 80er Jahren zu starten. Weil wir mitgeteilt telepathetically (das ist, wie wir es getan haben, bevor die Bahn), konnte ich keinen Kredit. Jetzt in der Hall of Fame ist er, wurde von Königin Elizabeth

4

zum Ritter geschlagen und ich verkaufe Bücher auf dem Zug. Lassen Sie ihn seine URLs, HTTPS und HTMLs haben. Er kann das World Wide Web haben, habe ich dieses Buch und Ihr Geld. Morgen werde ich die Welt übernehmen. Oder vielleicht irgendwann im nächsten Monat.

Heute mittels eines PC mit Rechtschreibprüfung, Microsoft Paint, und andere Verarbeitungswerkzeuge. Ein mittelmäßiger Schriftsteller wie mich, kann großen Lesematerialien wie diese zu erzeugen.

Umzug auf, lassen Sie uns auf ein paar Gadgets, die zusammen kamen, bevor der  Computer wurde so populär, in Erinnerungen schwelgen. Ist, dass es kein Internet, ohne das Aufkommen des Telefons zu sein, lassen Sie uns kurz eine Diskussion darüber.

Viele große Männer haben ihre Ideen in die Erstellung des Telefon setzen, aber Alexander Graham Bell war der erste, der seine Erfindung als Patent "Vorrichtung zur Übertragung von Gesang oder andere Klänge telegraphisch." Anschließend fast jeder amerikanische Haushalt hat jetzt mindestens ein Telefon. Viele Familien haben mehr als eine. Während seiner Metamorphose, diese "New Age

Telegraph" verwandelt sich in unserer Personal-Computer als "Jack" weigert sich, nur das Telefonieren beschränkt.

Meine erste Erinnerung von

Mobiltelefonen geht zurück auf eine 70-TV-Serie namens "Maxwell Smart", wo die Hauptfigur wäre in Heimatbasis auf seinem Schuh nennen. Sein Schuh war ein Telefon. Mit diesem Gedanken im Spiel ist, muss ich Rückmeldung an den Dreh-Telefon, was ich denke, ist viel mehr Spaß, als den Druckknopf zu geben.

Jemand nach den 80er Jahren geboren einfach nicht zu verstehen.☺

Wenn Sie ein Auto mit einem Telefon in sich hatte, vor 25 Jahren ziemlich viel hatten wir nur

Festnetz. Das heißt, wir haben alle unsere Anrufe von Telefonen, die an der Wand zu Hause bei der Arbeit oder bei einer Telefonzelle verbunden waren. Die meisten der Drähte, die uns einander verbunden waren U-Bahn oder Overhead.

Ende der 80er bis Anfang der 90er Jahre brachten uns den Piepser. In einer Zeit,

dic Medien wirbt 'Wilding' als ernstes Problem, nur Ärzte und

6

Verbrecher hatten Piepser, angeblich. Dennoch war es nicht lange, bis jeder und ihre Mutter hatte einen. Bald nach Piepser waren auf dem Höhepunkt ihrer Nützlichkeit und Beliebtheit, erschienen die ersten Handys auf den Markt.

Computer in kleinere Pakete entwickelt und zwangsläufig erfüllt das Handy. Sie heiratete und hatte schöne Hybrid Babys, die Bilder nahm und spielte Musik. Ihre Kinder haben die oben

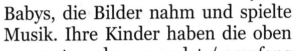

genannten plus gesendet / empfangen Texte, E-Mails überprüft und surfte im Internet. Bald gab es Nachwuchs mit GPS, Video-Taping, Videospiele und viele weitere Funktionen.

Jetzt kann ich in jede Adresse in der Welt und durch die Wunder der Satelliten-und Video-Punsch, sehen, was los dort in Echtzeit. Also, wenn ich unterwegs bin spart eine Jungfrau in Nöten oder über Meere auf einige streng geheime Mission, die ich oft Google Earth meine Kapuze auf, was los ist in der Boogie Down oder mein Dorf im Dorf sehen. Egal, wo ich bin. Alle auf meinem Handy, und das alles wegen der erstaunlichen Web.

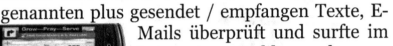

Anmerkung der Autorin: Handys sind inzwischen so ausgereift, dass ich kann 'Square up' und nehmen Sie Kreditkartenzahlungen für dieses Buch. Wird die Mastercard, Visa oder Paypal sein?

AND TEXTING

Es war einmal, zwischen großen Entfernungen kommuniziert wir durch das Schreiben von Briefen. Allerdings ist diese Form des archaischen Unterhalten war sehr frustrierend, weil man nie wusste, ob ihre unwichtige Nachricht würde empfangen werden, bis sie ein ebenso unwichtig Korrespondenz Monate später erhielt. So wird das Wort "Post" wurde gebildet und der Transporter ist der schlechten Nachrichten wurden "Postarbeiter" genannt. Einige von ihnen arbeiten heute noch.

Derzeit die meisten von uns in Kontakt bleiben über SMS und E-Mail. Kurz für E-Mail, hat die E-Mail die Art, wie wir kommunizieren mit einander drastisch verändert. Viele Menschen jetzt lieber elektronisch zu kommunizieren, anstatt zu sprechen oder einen persönlichen Besuch. Senden von Nachrichten über facebook, kik, Instagram, Tumblr und SMS per Handy ist grundsätzlich die gleiche wie das Versenden einer E-Mail.

Die ersten E-Mail-Systeme benötigt sowohl der Schöpfer und der Empfänger online auf der gleichen Zeit. Ein paar der beliebtesten Instant Messaging-Websites erfordern noch heute. Einige Websites geben viel zu viel Informationen. Facebook sagt Ihnen, wenn einer Ihrer Freunde auf **facebook**, so dass Sie nicht einmal zu schleichen und auf **facebook** zu sein, ohne, dass Sie Leute auf **facebook**.

Gott sei Dank haben wir nicht online zusammen zu sein für mich, um eine Nachricht von jemandem erhalten, dass ich nicht bekommen, weil ich nicht glaube,  dass sie gesendet sogar eine Nachricht und sie handelten, wie sie waren alles, aber jetzt, dass ich ein Buch heraus, dass sie versuchen, holla.

Wirklich? Bitte entschuldigen Sie mich, ich schweife ab. Unsere E-Mail und aktuelle Textsystem wurde geschaffen, um zu akzeptieren, vorwärts, liefern und Nachrichten für uns zu  speichern. Wie wundervoll. ☹ Die weltweit erste SMS wurde von einem Computer an ein Handy geschickt am Dezember 03, 1992, Es lesen: "Merry Christmas" und revolutionierte die Art, wie wir kommunizieren. Noch erstaunlicher, wurde eine ganz neue Sprache, bestehend aus Abkürzungen und Codes angelegt. Einige meiner Lieblings sind:

Hook up? - ?^
Anyplace Anytime Anywhere - A3
Have a nice day – HAND
See you – C U
Tonight - 2nite
Agree to Disagree - A2D
Too Cute - 2QT
Mom - 303

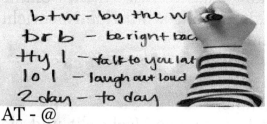

AT - @
Tears in my eyes – TIME
Sealed with a kiss – SWAK

Chicks – CHX

ForEver And Ever - 4EAE

Had a gr8 time tnx 4 ur present. C u 2mrw :)

To You Too - 2U2

So what's your problem – SWYP

Second – SEC

As soon as possible – ASAP

Oh my God – OMG

Hugs and kisses – XOXO aka HAK

You're on your own – YOYO

Great – GR8

Keep it simple stupid – KISS

stfu - please be quiet

At the moment – ATM

Parents are watching – PAW or PW

Such a laugh – SAL

Random act of kindness – RAK

Please reply – RSVP

Cool story bro – CSB

Are you stupid or something – AYSOS

Thank you - 10Q

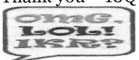

One to one -   121

I love you - 143

I Love You Too - 1432

One for All and All for One - 14AA41

I hate you - 182

Twenty Four Seven - 24/7

To Be Or Not To Be - 2B or not 2B

Too Busy For You Cutey - 2BZ4UQT
To die for - 2d4
Today - 2day

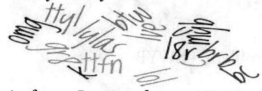

As far as I remember – AFAIR
love - luv
Thanks – THNX or THX
Today – 2day
Before – B4
Too Good To Be Forgotten - 2G2B4G
Too Good To Be True- 2G2BT
Tomorrow - 2moro
Parent is watching - 9
Parent is no longer watching - 99

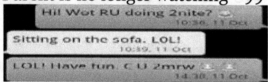

I'm gone - ::poof::
I have a question - ?
American Association Against Acronym Abuse - AAAAA

Es gibt viele Gründe, warum jemand zu Abkürzungen verwenden möchten. Sende eine SMS mit langen Pfosten können zusätzliche Kosten auf Ihre Rechnung und kann manchmal kompliziert auf einem winzigen Handy-Tastatur zu werden. Es ist auch nicht der Absender nicht benötigen, um eine große Speller sein. Letztlich aber, es ist einfach viel mehr Spaß, in Codes kommunizieren.

Kürzlich nahm ich meine Großmutter in ein schickes Restaurant. Bemerkte ich plötzlich, dass die Hälfte der Menschen, die sollte haben die Mahlzeit vor ihnen genießen,  anstatt wurden auf ihren Gadgets kritzeln. Dann  genau in der Mitte unserer Mahlzeit, nimmt meine Oma aus ihrem mytouch und startet SMS. Gefühl ignorierte ich hatte keine andere Wahl, als die Strecke heraus mein Handy und prüfen, was ist neu auf Weltstar und YouTube.

Ich habe sogar meine Kinder ins Kino gebracht  und alle acht von ihnen, mit Ausnahme der zwei Babys zog ihre iPods und begann SMS. Ich bekomme in den Zug, und niemand bemerkt mich, weil eine Mariachi Band spielt, Kinder sind U-Bahn-Tanz / Akrobatik und / oder Musik in den Ohren oder ihre Gesichter Strahlen  werden auf die Tabletten aufgeklebt, während jemand trägt google Glasfolien alles. Das Internet hat die Welt erobert.

Manche Leute würden buchstäblich verrückt, wenn sie ihre tägliche Dosis von Internet-Interaktion nicht bekommen konnte. Andere haben falsche Welten um ihre Internet-Fassade gebaut. Es gibt die, wie ich, die nur nutzen das Internet für gut. Aber ob gut oder schlecht, immer daran denken, dass das Internet für immer.

Es ist nicht sehr schwer, in der digitalen Welt der Beziehungen und Unterhaltungs verloren gehen. Es ist wahrscheinlich viel einfacher, eine Nachricht an jemanden geben, anstatt sie anrufen und mit ihnen sprechen. Wenn Ihre Freundin ist sauer auf dich und sie will nicht mit dir sprechen, können Sie ihren Text eine schöne Entschuldigung. Ich mein Baby in Text die ganze Zeit.

Eine ganz besondere Sache, dass E-Mail und SMS für uns getan hat ist der Umwelt helfen. Briefe, Rechnungen (bezahlt und unbezahlt), Gehaltsschecks, Musik und noch viel mehr werden jetzt elektronisch

verarbeitet. Aufgrund der Verschiebung, wie wir kommunizieren, hat die Notwendigkeit für Papierprodukte zurückgegangen. Anschließend brauchen wir nicht zu klopfen, wie viele Bäume. Vielleicht ist die Erde eine Chance hat, nachdem alle.

 Die E-Mail hat sicherlich stark von der Art, wie wir Geschäfte machen und wie wir nach der Arbeit heute beeinflusst. Zurück in den Tag mussten wir auf den Platz, den wir an die Arbeit und einen Antrag ausfüllen wollte gehen. Heutzutage werden die meisten Arbeitsplätze stellen Sie sie per E-Mail einen Lebenslauf und nicht nur kommen für ein Interview. Nachdem sie schauen über Ihre Anmeldeinformationen auf dem Computer, beschließen sie, ob sie ein von Angesicht zu Angesicht die Begegnung mit Ihnen wollen oder nicht.

Immer angemessen zu kleiden für die Position.

NEVER TEXT UND ANTRIEB!

BÜCHER, BILDUNG & INFORMATIONEN

Es ist etwas, das viele Wörter hat und in der Regel auf Papier geschrieben. Es ist ein Buch mit dem Titel, und es sollte auf der Liste der gefährdeten Arten gesetzt werden. Bibliotheken in der ganzen Nation werden Besatzmaßnahmen immer weniger Bücher, mit der Absicht, das Auslaufen physische Bücher einen Tag. Viele Buchhandlungen schließen und das Buch aus Papier wird zu einer Sache der Vergangenheit.

Die gute Sache ist, dass mehr Bücher werden digital jetzt veröffentlicht  als je zuvor. Zum Glück für die Bäume, die meisten Bücher konzipiert werden und bleiben in einer digitalen Zustand. In diesem Zeitalter der begrenzten Zimmer es spart eine ganze Menge Platz, um tausend Bücher in Dateiformat als tausend Bücher auf Bücherregale haben.

Bücher können Sie überall hin mitnehmen. Einer meiner Lieblings-Autoren Charlaine Harris wurde mit den Worten zitiert: "Hier ist für Bücher, die günstigste Urlaub, den Sie kaufen können.", Sage ich, "Lesen können Sie über den Sternen und Schreiben nehmen können Ihre Innenseiten zu bringen." Ich weiß, es ist kitschig, aber ich machte es auf. ©

 Vor ein paar tausend Jahren wurde ich über einige  Berge zu Fuß mit einem Höhlenmenschen Knospe von mir, wenn wir auf einem großen Felsen kam. Ich wollte meinen Namen darauf zu markieren, aber Sprühfarbe noch nicht erstellt. Also habe ich mir einen Meißel und erfunden Graffiti.

Ich war inspiriert und hungrig genug, um die erste Makkaroni und Käse Abendessen zu machen.

Ich fing an, meinen Tag auf alles, was ich schreiben könnte anziehen. Metall, Ton, Papyrus, Stein, Pergament, Baumrinde und natürlich Tattoos für die bibliophile oder Fans von meiner Arbeit. Ich selbst gestaltet die ersten Tabletten. Zuerst war es Worte auf Holz, Wachs, Ton, Stein oder Metall setzen. Dann war es ein einfach zu Pille schlucken. Jetzt ist es ein  Tablet-Computer, oder einfach nur  eine Tablette.

Lassen Sie uns also über meine Nemesis / Erzfeind, dem E-Book (wie einer Tablette) zu sprechen. Ein Kürzel für elektronische Buch, es ist ein normales Buch in digitaler Form. Es gibt viele verschiedene Formate

17

(Programme) für ebooks aber ich bevorzuge das PDF-Format, da die meisten Geräte können es lesen.

Manche nennen die Tablette eine einteilige mobilen Computer. Es ist oft nur ein Bildschirm mit zwei oder mehr Tasten und berührungsempfindliche Bereiche für Befehle und keyboarding. Tabletten sind mit  Apple den Verkauf von über 100 Millionen iPads weltweit sehr beliebt. Barnes & Noble, Nook, Kindle und haben auch sehr gut für sich selbst getan.

Viele Autoren sind immer sehr berühmt. Sie sind der Ausübung Themen, Verkauf Mega Kopien Schreiben und sind auch immer Super-Reichen. Ich bevorzuge Bücher im Zug verkaufen. Und wenn Sie glauben, dass ich eine # 9 Zug möchte ich Sie verkaufen. Hat jemand den Zug 9 erinnern?

Audio-Bücher können viel Spaß für jemanden, der Geschichten hören genießt. Sie kommen in einer Auswahl von Kategorien, wie fiktiv, spirituelle, meditative, politische, komisch und vieles vieles mehr. Ich mag die biografischen und historischen diejenigen. Lassen Sie uns einen Topf zu werfen Audio-Bücher und E-Books zusammen, wie wir ihre Vorteile zu diskutieren.

Bildung ist sicherlich einer der größten Vorteile von Audio-und elektronische Bücher. Bekannt als E-Learning, ist es die Nutzung eines Computers oder digitale Medien, um das eigene Wissen oder Bildung zu fördern. Manche nennen es multimediale Lern, technologiegestützten Lernens und andere Internet / Computer Based Namen. Übrigens, die meisten von uns lernen, auf dem Computer, ohne dass wir es zu wissen. E-Learning muss nicht im Klassenzimmer passiert. Es kann allein oder mit einer Online-Instruktor durchgeführt werden. Es gibt erweiterte Klassen und

Förderklassen zusätzlich zu allen Ebenen der Grad, Lizenzen und Zertifikate.

 Elektronische Lern umfasst verschiedene Arten von Technologien wie Video, Text, Sounds, Bilder, Sprachen und Schwierigkeitsgraden. Einige Leute glauben, dass diese neuen Fortschritte in der Informations Umsetzung macht jede Generation intelligenter, andere glauben, dass das Gegenteil der Fall zu sein. Jeder sollte mit dem Grundlagenwissen, wie Sie die erstaunliche Web nutzen, um Bildungsziele zu erreichen, hergestellt werden.

Der andere Tag war ich mit meinem Zellengenossen und wir fanden ein altes Spiel von Uno in einem geheimen Loch versteckt, dass jemand versuchte, zu entkommen in (oder aus). Wir hatten nicht die Anweisungen, um das Spiel, so dass wir sie googeln. Nach dem Spiel Uno übten wir Karate bewegt, die wir auf YouTube gelernt, bis es Zeit war, zu essen. Ich vermisse, dass die Gefängnis Chow. Die Köche wirklich setzen ihren Fuß in sie.

Bildung kann helfen, halten Sie aus dem Gefängnis. Und das Erstaunliche Web hat viele

Möglichkeiten, wie Sie lernen können, um sich zu verbessern. Das Internet kann Ihnen beibringen, wie man fast alles machen. Selbst ein Instrument spielen. Ich weiß nicht, wie man alle Instrumente greifen, aber ich kann das Radio sehr gut spielen.

Wir sollten wirklich mehr Musikunterricht für unsere jungen Menschen. Glücklicherweise gibt es zahlreiche Websites mit Video-Tutorials, die Ihnen beibringen, wie man fast jedes Instrument spielen. YouTube hat wahrscheinlich die meisten Tutorials auf lernen, wie man ein Instrument spielen, singen, tanzen oder zu handeln. Egal, ob Sie lernen, Noten zu lesen oder spielen Sie ein bestimmtes Lied wollen, ist die Menge der Ressourcen auf YouTube gepostet erstaunlich.

Es gibt viele andere Orte im Internet, die einen großartigen Einblick in, wie viel Zeit und Investitionen braucht, um in ein bestimmtes Instrument, um es zu meistern gehen zu geben. Zebra Keys, Jamorama, 411 Drums, wikiHow und zahlen die Piper sind nur ein paar Seiten, die helfen können.

Es wurde gesagt, dass diejenigen, die tun können, zu tun. Diejenigen, die nicht  können, zu unterrichten. Es gibt

 viele Lehrer über viele Themen, die die reale Sache sein vorgeben. Das Problem ist, dass einige dieser Lehrer haben nicht immer ihre Fakten gerade. Ein weiser Mann kann ein Dummkopf sein, aber ein Narr ein weiser  Mann sein? Wie mein Cousin

 sagte Nas "..es ist schwer für die große, jemandem zu sagen, wie großartig zu sein." (Let Nas Down-Remix) Glücklicherweis e gibt es einige ausgezeichnete "Wie"-Websites und Expert Village ist eines von ihnen. Sie haben mit "wie" Videos schizo gegangen. Letztes Mal habe ich überprüft, sie über 140.000 Videos hochgeladen hatte. Ihr Erfolg ist ein erstes Beispiel der enormen Nachfrage für diese Art von Web-Ressource.

Informationen

Blogs & Speed

Es hat nie eine Zeit, die Informationen konnte schneller und weiter zu bewegen. Ein Flugzeug  stürzte in New York City und war ein Überlebender auf Twitter innerhalb von Minuten, nachdem das Flugzeug fiel. Weitere Prominente sind ein Publikum finden oder "Follower" als je zuvor. Kamera-Handys  können das Ereignis aufzuzeichnen und steckte es in die netasphere © (ich aus, dieses Wort) schneller als ein News-van können dorthin zu gelangen.

Eine Kraft, die mehrere Milliarden Computer weltweit die wunderbare Bahn verbindet. Bringt Menschen zusammen sofort es tut. Ein Netzwerk von Netzwerken ist. Wörtlich reisen mit der Geschwindigkeit von Lichtinformationen werden.

Gleich nachdem ich gab Perez Hilton ein Auge jammy (wir später auf), nahm er ein Bild von ihm und wies sie auf dem Netz. Menschen wurden darüber bloggen Minuten, nachdem es passiert. Abkürzung für Weblog, sind Blogs wie Zeitschriften mit der Welt geteilt. Noch können Sie Ihre privaten Blog, wenn Sie möchten. Wenn Sie die Web-Privatüberhaupt zu berücksichtigen.

SPEEDs

Übertragen oder Herunterladen Geschwindigkeiten für die Daten hat sich in den Jahren stark zugenommen. Es gab eine Zeit, wenn Sie könnten gehen für Kaffee, zurück in das Büro und der Computer würde noch senden oder empfangen die gleiche Informationen, die Sie gearbeitet haben, bevor Sie verlassen. Jetzt Geschwindigkeiten sind extrem schnell und es ist möglich, senden Sie bis zu "100 Milliarden Megabit pro Sekunde an Informationen." Das ist schnell genug, um Hunderte von Filmen auf der anderen Seite der Welt in einer Sekunde zu senden. Schneller als Jesse Owens läuft die hundert Zoll Strich, aber nicht schneller als ein Blogger mit einem Zweck.

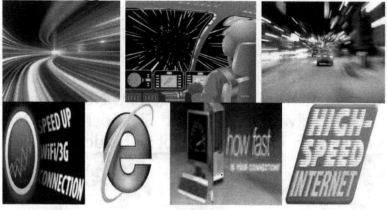

Music

Ich wurde ein Fan von allen Arten von Musik in den 70er und 80er Jahren. Meine Mutter hatte viel 12-Zoll und 45-Zoll-Platten um für mich zu zerstören, während ich versuchte, zu lernen, wie Datensätze wie Grand Master Flash kratzen. Ich, dass die Zeit nennen das Album Jahren, aber 8 Spuren waren auch cool. Ehrlich gesagt mein erstes Auto hatte einen 8-Spur-Spieler aber nicht beurteilen, mir, weil es.

Wie Erdnussbutter und Gelee, glaube ich, dass Musik und Tanz zusammen. Was gut ist Musik, wenn es nicht jemand, der durch sie, ihre Seele bewegt wird? Exzellente Musik produziert Bewegung in das Herz oder den Geist, oder beides. Die Fähigkeit, gute Musik zu produzieren ist sicherlich ein Geschenk.

IT'S PEANUT BUTTER JELLY TIME!

Die Kunst des Liedes ist im Laufe der Geschichte auf der ganzen Welt gefunden. Es ist wahrscheinlich, dass alle Menschen auf der Welt, als auch die entlegensten Familie Gruppierungen, haben eine Art von Musik, die sie

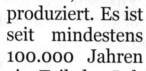

produziert. Es ist seit mindestens 100.000 Jahren ein Teil des Lebens und die erste Musik wurde wahrscheinlich in Afrika erstellt und ging dann auf die wesentlichen zu fast

jedem Kulturen Existenz geworden.

Es gibt viele verschiedene Instrumente und Sounds von Menschen aus der ganzen Welt eingesetzt. Mehr als wahrscheinlich, der menschlichen Stimme war das erste Musikinstrument. Der Kehlkopf kann eine Vielzahl von Klängen aus Pfeifen, Brummen, Würgen, schreien, singen, rappen produzieren und Beatboxing. Die menschliche Stimme kann verführerisch, anspruchsvoll, gefühlvoll und manchmal irritierend. Bestimmte Sprachen klingen sogar smore melodischer als andere.

Populäre Musik wird von allen anderen Aspekten dieser  Gesellschaft wie Politik, Grad der Armut, der Zugang zu den Geräten und den Medien gebildet. Musik ist eine Reflexion der Emotionen und Einstellungen der Zeit oder Zeitgeist. Dazu gehören Künstler, Schriftsteller und Reaktion der Zuhörer. Das Web gibt Performer und Fan einen sicheren Ort zu treffen und zu halten Rekordumsatz gehen.

Wie ihre Eltern, klagte meine Eltern über meine Musikhören Entscheidungen. Und ich kritisiere die Musik meine Kinder sind gern. Inzwischen ist die neue Generation mit neuen und alten Musik überschwemmt.

Musik ist ein Teil des Lebens in guten und schlechten Zeiten. Wenn eine  Person fühlt sich nach unten und hört ihr "jam" im Radio begann sie können sich besser zu fühlen. Aber wenn eine Person in einem melancholischen Zustand ist, kann ein Liebeslied machen sie schlimmsten fühlen. Manche Musik macht die Menschen wollen, um zu kämpfen. Bis heute habe ich immer weinen, wenn ich höre den Song "Wenn ich an Home 'von Stephanie Mills.

27

Vor vielen Jahren ein Gerät namens DAT Angst die Musikindustrie in den Tod, weil er die Fähigkeit, mit digitaler Klarheit erfassen hat. Immer wenn eine Aufnahme oder Kopie wird auf einem DAT-Maschine durchgeführt wird das wiedergegebene Ton ist eine exakte Kopie oder Klon Kopie des Originals. Viele Musik-Unternehmen besorgt, dass das Gerät würde es leichter machen, ausgezeichnete Stiefelschaft Kopien ihrer Künstler zu produzieren und sie veranlassen, Geld zu verlieren.

Kleiner und besser klingt, Digital Audio Tapes (DAT) wurde erwartet, dass die Stelle der Audio-Kassetten zu nehmen. Aber das Format wurde

nie von den Verbrauchern im Großen und Ganzen akzeptiert und die CD oder Compact Disc nahm seine Popularität Ort. Dennoch gibt es ein paar Toningenieure, die noch mit DAT.

CDs sind derzeit die traditionelle Art, Musik zu kaufen. Hinzu kommt, dass das Aufkommen

der erstaunliche Web- und Musik-Business hat viel mehr zu als DAT-Recorder zu kümmern.

CD Verkauf sind auf einem langsamen Rückgang, weil mehr Musik wird digital jeden Tag gekauft. Mit nur einem Klick auf eine Schaltfläche können Sie sofort herunterladen Ihr Lieblingslied. Erstaunlich, Vinyl-Schallplatten haben eine überraschende Wiederbelebung genießen.

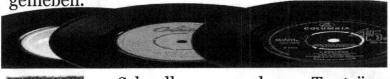

 Schnell vorspulen Tonträger, Schallplatten, Kassetten, CDs und werden wir mit den beliebtesten Format der Musik heute, das MP3-Format verlassen. OMG ich liebe mp3 AKA MPEG. Entworfen von der **M**oving **P**icture **E**xperts **G**roup, ist es ein universelles Format für Gehör Hören von Audio. Das MP3-Format wurde entwickelt, Musikdateien kleiner und leichter, von einem Gerät zu einem anderen zu machen. Es ist der de facto (HNIC) Standard der digitalen Audio-Übertragung, Speicherung und Wiedergabe von Musik auf die Mehrheit der  Elektronik, die wir heute kaufen. Alle Musik kann nun digital in mp3 auf den meisten Computern übertragen und schickte überall die Bahn ohne Verlust an Klangqualität zu gehen.

Es gab eine Zeit, wenn Disc Jockeys musste Hilfe bekommen Tragen der Ausrüstung und Milchkisten der Datensätze, die sie zu einer Party rocken benötigt. MP3s können enorme Menge von Audio-(Lieder) auf sehr

Miniaturgeräten speichern. Es ist nun möglich, dass ein DJ zu eveything benötigt, um in einem Rucksack verwechseln eine Partei zu tragen.

Mp4s enthalten komprimierte Video zusammen mit Audio und lassen DJs VJs (Video-Jockeys) geworden und Videos abspielen wie gegen die nur Audio. Mp4-Technologie hat uns auch die Fähigkeit zur Durchführung viele Filme auf kleinen Geräten, wodurch VHS und DVD-Collections fast obsolet.

Jeden Tag gibt es mehr Musik, neue und alte, wobei die erstaunliche Web hochgeladen. Dies gibt uns den sofortigen Zugriff auf große Reden, Werbespots, Sitcom Thema Musik und Jingles. Sie können sogar genießen meditative Klänge, Motivation Trainer, und Audio-Bücher.

Wenn Sie sich nicht erinnern, den Namen der Melodie, die Sie suchen, gibt es Seiten, wo man die Melodie zu summen, und sie können Sie den Namen sagen. Es gibt auch eine App, die einen Song für ein paar Sekunden zuhören kann, und sagen Sie den Namen des Songs und den Interpreten. Sie erhalten auch die Möglichkeit zum Download (kaufen).

Es passierte vor einigen Jahren, als ich die Musik hören (Radio, Club, Auto fahren durch  mit einer boomenden System) und frage mich, was war die Zusammensetzung gespielt wird. Damals hatte ich keine Möglichkeit, das herauszufinden, und so ging ich nach London (ich habe Liebe für das Vereinigte Königreich) und bekam meine Mannschaft zusammen. Avery Wang, Chris Barton, Dhiraj Mukherjee, Philip Inghelbrecht und ich flog zurück nach Amerika und erstellt Shazam. Nach dem, was als akustische Fingerabdruck bekannt, können Sie nun aktivieren Sie die App auf Ihrem Telefon, wenn Sie eine Zahl (Lied), die Sie gerne hören und mehr Details über es wollen.

Leider illegale Downloads sind in die tiefen  Taschen der Musik excutives, die unsere Lieblings-Interpreten trocknen mit schlecht schriftliche Verträge und Versprechungen des luxuriösen Lebens bluten geschnitten. Auf der anderen Seite hat sich das Internet relativ unbekannten Künstlern erlaubt die Möglichkeit, ihre Kompositionen zu fördern und tun sehr gut. In diesem einzigen angetrieben Musikmarkt, und alles ist ein Hit, Sie ein Superstar zu machen. Heute haben die Menschen sind eher geneigt, von einem Künstler sie im Gegensatz zu einem ganzen Album wie kaufen (oder stehlen) einen Song. Und sie sind wahrscheinlich zu kaufen (oder stehlen) eine digital heruntergeladene Kopie.

Sie sich nicht Musik.
Machen Sie Ihren eigenen.

  & **CLUBS** & S

Ich habe noch nie jemanden über das Internet kennengelernt und dann ging auf ein Datum mit ihnen. Ich habe jedoch auf Termine gegangen und dann über das Internet, was ein  lausiger Tag war ich herausgefunden. Kürzlich wieder vereint ich mit einer Vergangenheit aquiantant. Er verfolgt mich auf christian mischen und sofort lassen Sie mich wissen, dass ich schulde ihm noch Geld. Ich musste mein Konto ändern. Werfen wir einen Blick an, wie viel Einfluss die erstaunliche Bahn hat auf Dating und Beziehungen.

Dating ist eine Art der Werbung, wo die Menschen verbringen Zeit miteinander. Das Ziel ist es, Partner des anderen Angemessenheit als Mitarbeiter in einer intimen Beziehung oder als Ehepartner zu bewerten. Wir nutzen, um Menschen, die wir bisher zur Schule gegangen oder trafen sich in den Supermarkt, viele Menschen sind jetzt treffen auf die erstaunliche Web.

Das Internet hat das Gesicht der Dating und Beziehungen verändert, als wir wussten, dass es einmal. Es wird immer schwieriger, zu Ihrem Ehepartner über, wo Sie sind lügen, weil globale Tracking-Dosen genau zeigen, wo Sie sind. Big brother is watching.

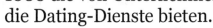

Wenn Sie auf der Suche nach einem Partner sind, müssen Sie raus und jemanden zu treffen. Es ist keine leichte Aufgabe, aber es gibt Möglichkeiten, sich mit einem anderen zu werden. Neben Höhlenmensch ist Clubbing, es gibt Blind Dates, Kleinanzeigen, Reality-Shows, die besten Freunde Vetter, Büro Romanzen, Social Networking, Speed-Dating und vieles mehr. Nur um zu helfen, miteinander auskommen, gibt es 1000 die von Unternehmen weltweit, die Dating-Dienste bieten.

Es war einmal eine beliebte Show im Fernsehen namens "The Dating Game". Die zeigen, war ähnlich wie Internet-Dating in dem Sinne, dass Sie wirklich nicht wissen, wer Sie sind mit interagieren. Sie können sagen, sie sind alt und jung sein, ein Junge zu sein und eigentlich ein Mädchen zu sein, sagen, sie leben in einem großen Haus, aber in "das große Haus" wirklich eingesperrt werden. Das ist nicht zu sagen, dass es keine ehrliche Leute auf dem Netz, weil die wahre Liebe hat auf jeden Fall gefunden.

 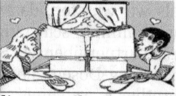

Das Internet verbindet die Vorteile von Post, Telefon und Video. Einige glauben, dass diese Art der Interaktion macht es schwieriger für die Menschen zu realen

Inter persönlichen Beziehungen, denn ohne Körpersprache, Signale, Pausen oder Gesten, es ist schwer zu sagen, was real ist, haben. Man ist der Ansicht, dass die Unterbewusste Techniken, wie sie abwechselnd und nickte oder Zeug klingt der Vereinbarung sind oft nicht vorhanden, wenn coversing über das Internet.

34

Bei der Interaktion mit jemandem in Person, ist den meisten nicht-verbalen Kommunikation. Teilnehmer in Instant-Messaging-geben oft über Barraum Nachrichten ohne Wartezeit für ein Stichwort eingeben. Und ohne korrekte Grammatik, Ton oder Kontext kann die Worte sehr missverstanden werden.

Immer noch das Internet verbindet Menschen zusammen, die nicht miteinander interagiert könnte durch frühere Mittel. Großeltern können ihre Enkel auf Facebook und verlorene Liebe diejenigen treffen, können auf Datenbanken aus der ganzen Welt gesucht werden. Es gibt eine Frau, die vor kurzem nach über 20 Jahren gefunden ihre Tochter auf einem sozialen Ort. Man kann sogar verfolgen ihre familiären Wurzeln und finden Sie heraus Dinge über ihre Herkunft, die sie nie kannte.

Ein erster Termin kann nervenaufreibend sein. Wenn ein neues Paar sind in privaten oder unterwegs, können sie in der Entscheidung, ob intime oder nicht erwischt zu werden. Das ist, warum ich hasse PDAs (Public Displays von Zuneigung), weil es erinnert mich daran, wie einsam ich bin. Sie sind auf einander mit google Augen oder Brille suchen und zu bewerten, ob sie eine gute Passform, während ich sitze ganz allein. Nehmen Sie ein Zimmer.

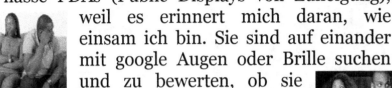

Wenn Sie wirklich wollen einen Ehepartner müssen Sie wahrscheinlich einen Job zu bekommen, weil Arbeit gilt als die häufigste Ort, um eine mögliche andere Hälfte zu treffen. Leider berufsbezogene Romantik ist nicht immer das, was es bis zu geknackt werden. Ein negativer Aspekt der Büro-Dating ist, dass eine schlechte Datum kann auf "Bürounbehagen" oder Menschen, die sagen "Unbequeme" führen. Das ist ein Grund, warum Cyberspace ist das Überholen des Arbeitsplatzes als Haupt Ort der Einführung und Balz.

DATING SCENE

Mit der Zunahme der Qualität und Ordnungsmäßigkeit der Interaktion, bietet die eine allgegenwärtige (allgegenwärtig) Kraft in unserem Leben geworden. Es ist leicht zu digital "Poke" jemand in diesen Tagen, aber das bedeutet nicht, dass, wenn Leute im Netz alles zusammen geht glatt. Einige haben die richtige Internet-Dating-Etikette lernen, weil sie nicht wissen, wie zu handeln oder zu buchstabieren.

YOUNG
GERMAN-AMERICAN
CLUB

EST.
1995

Es gibt keinen Zweifel daran, dass das Lernen, wie man an einem Tag (vor allem eine erste) verhalten, kann eine Herausforderung sein. Internet-Dating lässt die Menschen über das Internet mit der Hoffnung, eine Sonderausstellung, 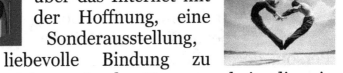 oder liebevolle Bindung zu kommunizieren. In der Vergangenheit, die wir zur Liebesbriefe zu schreiben, um zu kommunizieren wie wir uns fühlten. Das könnte einige Zeit dauern, und wenn man schlampig Handschrift zu haben, nicht so gut aus. Dann wurden wir in der Lage, nur die Hand auszustrecken und jemanden mit dem Telefon zu berühren. Jetzt dank Dating-Sites und Video, können wir von Meilen von großen Entfernungen getrennt werden und noch in der Lage zu sehen, und im Gespräch mit unseren potenziellen Partner in Echtzeit sein.

Für einige ist Internet-Dating neu und sie nähern sich ihm ängstlich. Glücklicherweise ist die Netto bietet zahlreiche Quellen für Beratung zu diesem Thema. Sie können herausfinden, wohin sie gehen, was zu sagen, was nicht zu sagen, was zu tragen, wie zu flirten, wie man ein Datum zu beenden, und verschiedene Ansätze in Bezug ersten Termine gegenüber nachfolgenden Terminen.

Viele Dating-Sites behaupten, frei zu sein. Sie ermöglichen Potenzial Sauger, ich meine, Datumstempel, um Fotos oder Videos von sich selbst hochladen und durchsuchen Sie die Fotos und Videos von anderen. Dennoch, bevor Sie die E-Mail der Person, deren Video, das Sie gerne bekommen, müssen Sie ID und natürlich eine Kreditkartennummer übermitteln. Sie könnten weg mit nicht geladen, wenn Sie jemand Sie nicht finden, aber sie müssen noch um Ihre Informationen auf Datei nur für den Fall zu haben.

Video-Streaming im Jahr 2005 begann und jetzt Video-Sharing ist ein weltweites Phänomen. Dating-Sites sind deutlich profitiert, da Bild-und Video-Upload ist so einfach geworden. Für eine gute Anzahl von individuellen Profilen, Videos und Bilder sind auch wesentlich für eine Mitgliedschaft.

Es wurde angenommen, dass nur die "verzweifelt" und "nerdy" mit dem Internet für die Liebe aussehen würde.

Nun gibt es Dating-Seiten für jede Rasse, Religion und Vorlieben. Es ist immer häufiger Paare, die über Online-Kanäle getroffen haben finden. Viele sind glücklich zusammen.

Es gibt wohl kein sicherer Beziehung als eine Internetbeziehung, da kann man nicht körperlich verletzt werden, E-Mails checken. Psychisch kann es sehr schädlich sein, wenn Sie die schönen mans Bild, das Sie verliebte sich ist nicht die gleiche Person, die Klopfen an der Tür ungebetenen entschieden hat. Alles ist in der Liebe, Krieg und auf der Internet-Messe.

Es gibt viel mehr zu als nur Internet-Beziehungen aus. Rollenspiel oder Rollenspiele sind Online-Spiele, die Spieler zu bringen aus der ganzen Welt zusammen. Konkurrenten aus der ganzen Welt haben die Möglichkeit, mit einander über das Netz konkurrieren gegeben. Einige Spiele lassen selbst Herausforderer sehen und Smack Talk, einander beim Spielen gegen einander.

Internet-Spiele neue Freundschaften möglich. Sie bringen Gegner aller Altersgruppen, Rassen und Geschlechter zusammen. Die meisten Gamer-Einsatz ein Alias. Mit einer versteckten Identität können Online-Nutzer sein, wer sie sein wollen. Auch ein Super-Held oder Superbösewicht. Es gibt auch Internet-Spiel-Turniere und Spieler-Clubs.

Es gibt viele Arten von Vereinen. Da ist der Golf Club, der Club-Sandwich, das Klumpfuß, Clubs für Menschen, Vereine für Hunde, Clubs für Menschen mit Hunden und einer Reihe von anderen Clubs. Die spezifische Art Club werden wir beleuchten, ist das Internet-Club, oder Gruppen, die ein gemeinsames Interesse teilen und gemeinsame Themen auf einen commom URL zu diskutieren.

Seit Anbeginn der Zeit hat es mit einem gemeinsamen Anliegen gewesen eine Notwendigkeit für die Menschen in der Lage, trotz einer Blut Bande der Zugehörigkeit zusammenschließen können. Ein Verein wird erstellt, wenn zwei oder mehr Personen durch gemeinsame Bestrebungen oder Bedenken zu vereinen. Es hat immer eine Notwendigkeit, um unter einem gemeinsamen Ziel zu vereinen. Banden kann manchmal als Clubs werden.

Soziale Netzwerk-Sites bringen Gleichgesinnte zusammen. Für einige, ihre Online-Freunde sind die einzigen Freunde, die sie haben. Sie können hart von weiteren Kommunikations fallen, wenn jemand nimmt ihre Freundschaft entfernt, und dann blockiert sie. Immer noch die Suche geht weiter als Nutzer suchen nach neuen Verbindungen auf, wo Sie leben, welche Schule Sie ging zu und wie viel Geld Sie verdienen. Viel Glück finden Sie Ihre wahre Liebe. Sie müssen denken, Sie sind Shrek.

Es gibt religiöse, Farbe, Musik und unzähligen anderen sozialen Netzwerkgruppen. Alles, was Sie in sind, können Sie eine Gruppe mit Gleich Interesse finden. Und wenn Sie sich nicht an die Gruppe, die Sie suchen, nicht finden, können Sie Ihre eigenen erstellen.

Zwei unerwünschte Nebenprodukte aller dieser florierenden Beziehungen über das Internet sind Cyber-Mobbing und Cyber-Stalking-. Die Verwendung von elektronischen Kommunikations einzuschüchtern oder zu bedrohen ist Cyber-Mobbing. Cyber-Stalking Mittel, um Ihre wahre Identität verstecken und lügen, um Ihren neuen Online-Freund, wer Sie wirklich sind oder Ihre wahren Absichten. Das sind Verbrechen, und die Menschen haben ins Gefängnis wegen Verstoßes gegen diese getroffen wurden. (mehr dazu später)

A BACKGROUND CHECK oder Hintergrund Untersuchung ist die Praxis des Sammelns von Datensätzen einer Person oder Gruppe. Häufig von Arbeitgebern angefordert, Hintergrund-Kontrollen überprüfen Informationen über kriminelle Vergangenheit, Kredit, Charakter und viele andere Aspekte des Leben eines Menschen. Dies hilft Unternehmen, die beste Perspektive Kandidaten zu wählen. Und mit dem erhöhten Informations effeciency kommt die Chance, dass alles, was Sie seit der Grund scool getan haben, die sich auf der wunderschönen Bahn dokumentiert. Big brother is watching.

Es gibt zahlreiche Ressourcen, um über jemanden herausfinden, aber viele Menschen hat gerade ihr Geschäft da draußen für alle zu sehen auf Facebook sowieso. Wenn Sie einen Alias benutzen und Hass-Mails, haben sie wirklich hassen Sie oder die Person, die Sie vorgeben zu sein? Mit so viel mehr Informationen auf der Internet stellen können Sie jetzt einen potenziellen Partnern Hintergrund zu überprüfen, bevor sie auf ein Datum. Sie können herausfinden, wo sie wirklich leben, zur Schule gegangen und arbeitete. Sie können auch herausfinden, wie viele marraiges oder Parktickets sie haben, und so vieles mehr.

Verurteilt Sexualstraftäter müssen sich registrieren, und damit jeder weiß, über das Internet, wer sie sind und wo sie leben. Fügen DNA und Fingerabdrücken an den Cyber-Bank und es wird zunehmend schwieriger, weg mit allem, was in diesen Tagen.

Nicht narrensicher, es gibt diejenigen, die finden einen Weg, um das System Ente. Aber aufgrund der Gesetze wie die Brady Bill Sie nicht annehmen, um in der Lage, eine Schusswaffe, ohne sich eine exstensive Prüfung zu kaufen, damit verhindern, dass Menschen, die nicht haben sollte eine Waffe aus immer sein.

Menschen sind auch über das Internet oder erstaunliche Web, um herauszufinden, Dinge über ihre Genealogie. Genealogie ist die Verfolgung von Einsen Abstammung und Herkunft. Dies ist epecially nützlich für diejenigen, die ihre Wurzeln kennen lernen wollen. Es kann auch helfen, um Rechtsstreitigkeiten wie im Fall unserer 3. Präsident der USA Thomas Jefferson zu begleichen. DNA-Tests haben gezeigt, dass er Kinder gezeugt mit einem Sklaven namens Sally Hemmings.

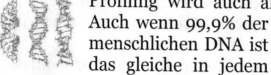

Genetischer Fingerabdruck, Tippen oder Profiling wird auch als DNA-Tests. Auch wenn 99,9% der menschlichen DNA ist das gleiche in jedem Menschen hat, dass kleine Unterschied Informationen, die jeden Einzelnen Stammbaum auszeichnet. Wie mein guter Freund Maury Povich sagte einmal zu mir: "Im Fall der kleinen Bebe, Sie sind die Mutter." Glücklicherweise müssen Sie nicht unbedingt benötigen das Internet, um DNA-Tests zu tun, weil Sie jetzt in Duane Reade, Rite Aide gehen oder Walmart, kaufen ein DNA-Kit und tun DIY (do it yourself).

Mein Sohn und ich

44

MOVIES

Die Möglichkeit, Filme online zu sehen ist eines meiner liebsten Dinge über das Internet. Der erste Film oder Film war eine Folge von Bildern, wenn sie auf einem Bildschirm gezeigt, macht die Illusion von bewegten Bildern. Zunächst auf Kunststofffilm aufgezeichnet und durch einen Filmprojektor gezeigt, tragen jetzt die meisten von uns die Fähigkeit zu sehen und / oder Filme machen in unseren Taschen.

Menschen haben seit Tausenden von Jahren der Durchführung wurde vor Dreh erstellt wurde. Skripte, Schauspieler, Kostüme, Publikum, Produktion und Storyboards gibt es schon eine sehr lange Zeit gewesen. Filme populär wurde in den 1920er Jahren, aber sie rein optisch waren. Kein Ton. Noch, die nicht aufhören, Geld aus Hollywood haben.

1930 brachte das Ende der Stummfilmzeit, und zusammen mit Ton, in größeren Bildschirmen setzen Kinos. Farbfilme und 3D-Fähigkeit kam kurz danach. Wir haben die Wunder der großen weißen Leinwand, seit aber noch haben wir die Fähigkeit, große Momente auf dem Bildschirm selbst zu erstellen gegeben.

Der Film Phänomen ebnete den Weg für die Fähigkeit, jeden Teil dieses Planeten in Ihr Schlafzimmer zu bringen. Es hat sich unzählige

 Babysitting Jobs und Elternpflichten übernommen. Es erlaubt uns, mehr kümmern, was an in anderen Völkern lebt als unsere eigenen. Ich beziehe mich auf den

Fernseher. Nun lassen Sie uns darüber reden.

Fernseher senden und empfangen bewegten Bildern. Während der Großen Depression der

 1920er Jahre entwickelt wurde, hat der Fernseher zu einer Nummer eins Quelle der Unterhaltung und Berichte. Es ist üblich in den Häusern, Unternehmen und Institutionen, und es hat sich unser Hauptfahrzeug für Nachrichten, Werbung und Freizeit.

Meine erste Erinnerung an ein TV-Gerät ist ein Würfel geschnitten Shaped Box mit einer Antenne, die für eine optimale Bildqualität eingestellt werden musste. Wir hatten keine Fernbedienungen noch, so mussten wir

aufstehen, um den Kanal zu wechseln oder die Lautstärke. TV war auch nicht 24 Stunden ging es um 02.00 Uhr und kam am frühen Morgen auf.

Derzeit haben wir Kabel-TV, Digital-TV, HDTV und Flachbildschirme. Es gibt buchstäblich Hunderte von Kanälen und ich kann immer noch nichts zu sehen, zu finden. Folglich habe ich ein YouTube-Fanatiker und die allgemeine Internet-Junkie geworden. Ich muss meine tägliche Dosis von Hulu und Netflix jeden Tag.

Vor Fernsehen, Radio und Zeitungen waren die Haupt Möglichkeiten, Informationen desiminate. In den 1950er Jahren wurde die Haupt tv Art, wie Menschen herausfinden konnte, was los war in der Welt. Fernsehen wurde ein Hauptwerkzeug der Bürgerrechtsbewegung, wie es den Menschen erlaubt, aus der ganzen Welt zu sehen, wie schlecht die, die wollte nur Gleichberechtigung behandelt wurden.

Bis die neue Mellinium meisten Fernsehern ähnlich der Funkübertragungen. Doch in den letzten zehn Jahren übertragen die meisten Orte digital. Radio hat jetzt viele gut gefallen digitalen (HD oder High Definition)-Stationen und Internet-TV ist immer sehr beliebt.

COOKING

Ich liebe es, Träume von mir essen etwas Leckeres zu haben. Es gibt nicht viel, dass ich schätze mehr als Nahrung. Ob das Essen in der Kantine oder The Russian Tea Room, Ich genieße meinen Gaumen zu gefallen. Mein Problem ist, dass ich nur selten zu gehen und genießen Sie feine Küche. Es ist, weil ich koche so gut, immer will jemand mich, für sie zu kochen. Ich werde Sie in meinem Geheimnis verraten, es heißt die erstaunliche Web.

GRACE MENZIES

Es gibt viele Kochshows und Kochbücher kann ziemlich gut verkaufen, aber das Internet hat Videos, die zeigen, können Sie Schritt für Schritt, wie ein bestimmtes Gericht zubereiten Schritt. In einer Zeit, wo alles sofort und tragbar,

kann eine gute hausgemachte Mahlzeit auf den Punkt bringen. Außerdem gibt es viele Vorteile für sich selbst kochen Mahlzeiten.

Es selbst zu tun ist wahrscheinlich die gesündeste Art zu essen, und es könnte Sie Geld auf Ihr Essen Rechnung zu sparen. Jeder will ein Gast bei Ihnen zu Hause und Sie werden nie einen Mangel an Freunden zu haben. Aber was würden Sie im Internet nach nötig?

Genau wie Musik, kulinarische modus operandis und Komponenten unterscheiden sich ausgiebig auf der ganzen Welt. Was Sie essen, ist oft von finanziellen, ökologischen und kulturellen Traditionen wider. Darüber hinaus unterscheiden sich alle Köche in der Vorbereitung und Können. Deutlich gesagt, etwas zu essen nur besser schmecken als andere.

Ein wenig nach der Erstellung, irgendwann in der Mitte der Evolution ich beschlossen, ich brauchte eine Veränderung von der Norm. Dinge bewegten sich langsam und ich wollte etwas Aufregung in meinem Leben. Was kann spannender sein als das Feuer sein? Cmon Baby light my fire.

Eines der Dinge, die mich von anderen Tieren unterscheidet, ist, dass ich die meisten meiner bereiten Essen mit Feuer, bevor ich es essen.

49

Nun, es zu verwenden, um so zu sein, aber jetzt scheinen wir alles Mikrowelle. Niemand will warten, für eine Mahlzeit, wollen sie sofortige Befriedigung. Einige glauben, dass alle verarbeiteten Lebensmittel, die wir schnell und gönnen Sie sich gemacht hat Kochen eine verlorene Kunst. Ich glaube, dass so lange wie Sie lesen können, haben Internet, und kann Anweisungen folgen, werden Sie jedes Gericht kochen.

Ich sagte Bloomberg über gekochtes Essen und gesunde Ernährung. Er nahm, was ich sagte zu Herzen und geänderte Gesetze für uns, besser zu essen und atmen saubere Luft. Wir war cool, bis er versuchte meine großen Schluck zu nehmen. Jetzt haben wir einen neuen Bürgermeister.

Politik

Was kann ich über unsere Regierung sagen, außer, dass sie abgeschaltet wurden, als ich begann, dieses Buch diese. Nicht, dass ein paar Sachen? Dieses Taschenbuch ist jedoch nicht über die negativen. Es ist hier, um die positiven Aspekte des Web erstaunliche betonen. Und in diesem speziellen Fall die erstaunliche Web und deren Einfluss auf politricks ... ich meine Politik.

Seien wir ehrlich, hat Obamas ersten Lauf als Präsidentschaftskandidat das Gesicht der Politik für immer verändert. Die ganze Welt sah und der Präsident nutzte die Gelegenheit. Twitter, Facebook, YouTube und ich, haben gesagt worden, um dazu beigetragen haben, der Präsident seinen Sieg sowohl während seiner Feldzüge zu erhalten. Natürlich habe ich glaube, ich war der einflussreichste.

Social-Media-Seiten, E-Mails und Blogs haben einen großen Einfluss auf die Politik hatte. Bush, Gore, Clinton und McCain haben alle verwendet die erstaunliche Web-, Mittel zu erbitten, appellieren an die Wähler und Fragen aufwerfen. In Zeile Streaming und Obama kann festgelegt sein Wahlversprechen leben auf Oprah, während er auf dem Sofa sitzt Präsidentschafts.

Ich erinnere mich, empfängt einen Text von Obama, die sagte: Breaking news: Barack Obama hat Joe Biden ausgewählt, um sein Vizekandidat sein" Ich war wohl zu Vize-Präsident zu sein, ich habe den Laster. Wie der erste Afroamerikaner, der die Geschäftsstelle der Vereinigten Staaten überhaupt zu halten, mein guter Freund und Pik-Partner Barack (Sie schuldest mir noch Geld) hat das Unmögliche geschafft zweimal. Er bekam Bargeld von mir zwei mal und noch zu zahlen. Dh zweimal unmöglich. Und er die Völker Stimmen gewonnen zweimal. So ist das.

Das Internet ist verwendet worden, zu helfen, bringen politische Veränderungen auf der ganzen Welt. Von Iran bis nach Südamerika und Großbritannien zu Austrailia, sind Befürworter und Politiker über soziale Netzwerke, Website-Werbung, Texte und E-Mails zu erreichen, um die Menschen, die ihre Vision teilen.

Es wurde einmal gesagt, dass "die Revolution nicht im Fernsehen übertragen werden." Das mag wahr sein, aber die Revolution wird bloged werden, YouTubed, geTwittert und Facebooked. In der heutigen "etwas sehen, etwas sagen" Atmosphäre, es gibt neugierige Menschen überall darauf warten, eine Geschichte direkt zum Web zu nehmen. Das Internet ist so sprechen eine oder andere Weise die Wahrheit wird herauskommen.

Doing Business zu Hause

Kauf / Verkauf / Angebot

 Viele Menschen haben beschlossen, die "Home Business" zu tun. Oft als Home Based Business oder HBB genannt, die Gründung eines Unternehmens von zu Hause hat sehr populär

geworden. Es hat auch einige Menschen sehr reich gemacht. Ich mag es, weil ich meine Kinder geben und alte Menschen etwas zu tun.

Wirtschaftlich, schneidet ein Haus Geschäft auf den Kosten für den Betrieb einer traditionellen Geschäft. Mit einem Hauptgeschäft ist es nicht notwendig, um ein Schaufenster mieten oder verlassen sich auf herkömmliche Werbung. Soziale Netzwerke werden verwendet, um das Wort aus, anstelle von "Straßenraub",  fügt essen bis alle Gewinne.

In der Lage, global digital berühren Verbraucher, HBBS ein günstiger Einkaufserlebnis für den Verbraucher geben. Mode, Reisen, Unterhaltung, Begleiter und vieles mehr können entworfen, um die Kunden Wünsche zu füllen. Nur durch die Beantwortung von ein paar einfachen Frage auf einer Website, können Einzelteile angepasst werden, um den Spezifikationen des Käufers zu entsprechen. Zufriedene Stammgäste mehr  Geschäft bedeuten. Wenn richtig gemacht, die erstaunliche Web erheblich verbessern kann die untere Linie.

Um Ihr Geschäft zu führen ist richtig es wahrscheinlich am besten, um eine Hochgeschwindigkeits-Computer mit Telefon, drucken und faxen Fähigkeiten haben. Eine eingängige Domain-Namen kann dazu beitragen, auch Handel. Ein Punkt com (.com) kurz für Unternehmen können freie oder ziemlich billig erhalten werden. Nur vorsichtig sein, der .bombs, .gones und .cons.

Ich überprüfe das Internet für alles, was ich kaufen möchte. Ich muss immer wissen, ob ich erhalte einen fairen Preis. Ich fragte den Mann an der Kiosk, "Wie viel für die twinkie?" Er sagte: "Ein Dollar." Ich prompt gesucht ebay für Twinkies, um sicherzustellen, ich war immer ein fairer Deal.

Online-Kauf und Verkauf wird als elektronischen Handel oder E-Commerce. Dies ist, wenn diese Käufe über das Internet vorbereitet und die Zahlungen werden über den Computer gemacht. Die meisten Unternehmen jetzt verkaufen ihre Waren und Dienstleistungen über das Internet, aber die größte Internet-Anbietern sind Ebay, Alibaba und Amazon. Jetzt

können Sie die amazon schwimmen oder heiraten ein Amazon, aber es ist nicht (soweit ich weiß) Amazon, ebay oder Alibaba Speicher, die Sie in zu gehen und kaufen, was sie online zum Verkauf zu haben. Das ist, weil wir die Menschen sind die Händler und Kunden.

In den letzten zehn Jahren ist die Verfügbarkeit von Online-Käufe hat tremedously gewachsen. Nicht nur für schwer zu Artikel, 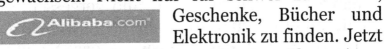 Geschenke, Bücher und Elektronik zu finden. Jetzt können Sie bestellen nehmen, überweisen, buchen und so vieles mehr. Unternehmen können auch Geld sparen durch den Verkauf und Online-Shopping für die besten Angebote.

Eine coole Sache, über all dies ist, dass fast jeder kann sich einen Web-Shop und haben eine Online-Flohmarkt. Dieses System eliminiert die Mitte des Menschen, aber viele Websites eine Gebühr oder Provision auf ihre Websites zu verkaufen. Allerdings gibt es ein paar kostenlose Online-Sites, die Sie gern Ihre Produkte oder Dienstleistungen kostenlos im Stich lässt.

Einige Websites können potenzielle custumers auf Einzelteile bieten verkauft. Das ist eines der besten Dinge über Online-Verkäufe. Dies gibt möglicherweise den Anbieter eine Chance, Gewinne zu maximieren, während dem Käufer die Möglichkeit, einen niedrigen Preis auf eine teure Sache / Artikel zu bezahlen.

Fast alles kann über das Internet verkauft werden. Alte Dinge, neue Dinge, seltene Gegenstände und Sammlerstücke. Es gibt sogar Orte, wo Dinge wird verschenkt. Sie in der Regel nur bitten, dass Sie kommen und es. Wenn Sie vorhaben, etwas, frei oder nicht erhalten haben, immer jemanden mitnehmen, sagen Sie jemandem, wohin du gehst, und vergessen Sie nicht, mir etwas zu bekommen.

Interessant ist, dass Sie wissen, dass Sie über das Internet verkaufen können Ihre defekte Elektronik, unerwünschte Elemente oder alte Kleidung? Von Facebook auf Craigslist, die Sie kaufen oder verkaufen können viele Dinge. Für jeden, der das Surfen im Web erstaunliche genießen, kann es tolle Angebote und viel Spaß conntai.

STOCKS and INVESTMENTS

oder Aktien und Bondage

Seit ich half Al Gore das Internet zu entdecken, kapitalistischen und Finanziers haben ihre besten versuchen, etwas Geld von ihm zu machen. Sie einige der Forschung auf der Höhe der Umsatzerlöse Unternehmen wie Amazon, Apple, Google und Netflix zu machen, und Sie werden verstehen, warum. Ich möchte auch darauf hinweisen, dass, obwohl wir vor kurzem

durch eine schreckliche wirtschaftliche Niedergang gegangen und befinden sich im Herzen einer langsamen Wiederbelebung, bestimmte Internetunternehmen waren und sind weiterhin auf Rekordraten wächst.

Glücklicherweise ist der Markt offen für alle, und jeder "durchschnittlichen Joe 'können Investitionen über das Internet zu machen. Eine Person kann viel Geld in die richtigen Aktien zu machen, aber viele haben die T-Shirts aus dem Rücken mit Fehlinvestitionen verloren. Eine gute

Sache zu erinnern ist, dass die Bestände sind nicht nur ein Stück Papier. Kauf von Aktien von Aktien kann in Teileigentümer machen Sie die Unternehmen. Gemeinsam wird das Unternehmen von allen, die einen Anteil an der Firma besitzt und jede Aktie einen Anspruch auf

Vermögen, Einkommen und Verlusten.

Es gibt viele verschiedene Arten von Aktien und nicht alle Aktien sind gleich. Wenn Unternehmen die Öffentlichkeit zu gehen, die Gründer in der Regel machen mehrere Klassen von Aktien. Einige Bestände in einem Unternehmen mehr kosten und geben mehr Kraft auf das Lager Halter. Einige sind so konzipiert, um sicherzustellen, die Gründer halten, die Kontrolle über ihr Geschäft. Viele Menschen haben gute Investitionen. 50 Cent Geld in Vitamin Wasser und er machte

eine saftige Rendite. Er einfach zu viel von dem Zeug getrunken und schauen, was mit ihm geschehen. (Nur ein Scherz. Curtis Jackson Das ist AKA 50 Cent in sehr bewegend wirkende Rolle).

Eine meiner Lieblingsschauspielern große

Kinokassen aber seine persönlichen Anlage einer Restaurant-Kette namens PoFolks kostete ihn einen großen Teil seines Nettowert. Fügen Sie weitere Fehlinvestitionen und eine kostspielige Scheidung das, und Burt Reynolds musste Insolvenz anmelden. Es scheint, dass Investitionen ist wie eine Rolle der Würfel, sind die Wahrscheinlichkeiten endlos. Dies ist, was Ich mag zu PoFolk essen. Yummy.

Ein Großteil der Aktien, die auf der ganzen Welt gekauft und an den Börsen verkauft werden als Stammaktien. Manchmal jede Aktie wird als eine Stimme in einem Unternehmen, so dass die Person mit mehr Aktien hat mehr Stimmen. Es gibt keine Garantie, dass Sie einen Gewinn aus Ihren Stammaktien zu machen, aber Sie sollten die  Fähigkeit, zu wählen und Entscheidungen beeinflussen können.

Je nach der Art der Aktien, die Sie kaufen oder kaufen, können Sie mit übermenschlichen Stärke Lager gewährt werden. Wie Klasse A Lager, wo Sie können bis zu zehn Stimmen auf nur einer Aktie. Stellen Sie sich vor, wenn Sie ein Tausend Aktien hatte, das ist wie eine Unmenge Stimmen. es würde sie für immer nehmen, nur um em zählen.

Lager mit Bezugsrecht bedeutet, dass Sie es waren, finanziell unterstützt das Unternehmen bei seiner Geburt oder Kindheit. Dies gibt Ihnen besondere Privilegien und erste Erkenntnisse über die künftige Aktien. Mit anderen Worten: "Sie waren da, wenn sonst niemand an mich geglaubt" Lager. Oder "Du schuldest mir, weil du nicht da, wo Sie sind, wenn es nicht für mich", geben Sie mir mein Lager.

Wenn Sie eine garantierte Dividende wollen, sind Vorzugsaktien für Sie. Fast wie Anleihen können Sie "auszahlen", wenn es ist alles gut. Und Sie haben auch vor den Aktionären bezahlt zu bekommen. Jedoch bevorzugt Lagerhalter geben, die Stimmrecht.

Die Bestände sind auch Geräte, die als eine Form der körperlichen Bestrafung, die öffentliche Demütigung international verwendet wurden, vor allem, wenn es um afrikanische Sklaverei betrifft. Die Aktien würden die

angebliche perpertrator teilweise immobilisiert halten. Sie wurden oft in einem offenen öffentlichen Ort wie einem Einkaufszentrum so jeder sie sehen und böse Kommentare könnte links.

Fast wie Community-Service der Hauptzweck, jemanden in Aktien in der Mitte der Stadt ist, um sie zu demütigen. Bürgerinnen und Bürger sind aufgefordert, Schlamm, faule Eier, alte Gemüse, stinkenden Fisch, und Kot

bei wer wird bestraft zu werfen. Tun Sie etwas falsch und Ihre sogenannten Freunde können die, die buchstäblich auf Sie verrichten können. Können Sie glauben, dass die Jugendlichen von heute denken, sie haben es schlecht?

Anleihen sind einige der sichersten Investitionen kann man machen. Sie versichern, dass es keine Umstände, die  die Inhaber von immer mit Zinsen halten wird, wenn die Zahlung fällig ist. Es ist Schuldverschreibung. Eine Anleihe ist wie ein Schuldschein oder Darlehen. Es ist viel sicherer und sicher ein Gewinn, aber Anleihen nehmen mehr und geben weniger Rendite als Aktien

Normale Leute spielen das Lager (Baumwolle) Markt im Web. Es wird gesagt, intensiv, angenehm und manchmal lohnend zu  sein. Nun hat die Regierung der Vereinigten Staaten hat auf den Zug aufgesprungen. Der einzige Weg, können Sie derzeit kaufen US-Sparbriefe sind im Internet. Gerade vor ein paar Monde musste man, um eine Genossenschaftsbank oder Bank zu gehen, um eine US-Sparbrief zu bekommen.

Wer gewinnt mit diesem elektronischen Übertragung von Chance? Jeder. Die Regierung spart fast 20 Millionen Dollar pro Jahr und die Öffentlichkeit bekommt die Möglichkeit, solide Investitionen zu machen. Und da immer mehr Menschen bewusst, die Fähigkeit, Bindungen online kaufen werden, wird die Regierung wahrscheinlich machen viele mehr Gewinn.

Übrigens gibt es in unerlösten Anleihen, die nicht eingelöst worden ist, etwa 20 Milliarden Dollar. Vielleicht die Besitzer nicht davon wissen oder einfach nicht kümmern. So oder so, es ist Geld, das ich wünschte, ich haben könnte.

Gegenteil von Papier Anleihen, Sparbriefe sind elektronische zum Kauf 24/7 (den ganzen Tag jeden Tag) zur Verfügung. Und durch Automatisierung sie sich automatisch bei Fälligkeit einlösen. Das bedeutet, dass Sie Ihr Geld bekommen, ob Sie es wollen oder nicht. Machen Sie es regnen.

apps, qr codes, hashtags, instagrams

Kurz für eine App-Anwendung ist ein Computerprogramm,  das es Ihnen ermöglicht gerade. Drücken Sie einfach oder klicken Sie auf das App-Symbol und Sie werden automatisch zu

Ihrem Ziel transportiert. Viele Handys jetzt mit vielen beliebten Apps vorbestellt für einfachen Zugang heruntergeladen kommen.

Viel der neuen Geräte empfehlen Ihnen, Tausende für den sofortigen Genuss downloaden mehr Apps. Es gibt Apps für Filme, Taxis, Musik, Spiele und vieles mehr. Eine App ist nur eine einfache Möglichkeit, an einem bestimmten Ort auf der Bahn, ohne ein Wort tippen zu bekommen.

QR CODE

Kurz für Quick Response, wurde der QR-Code in Japan entwickelt und erstmals für die Automobilindustrie verwendet. Es hat sich wegen seiner Schnelligkeit und die Fähigkeit, mehr Informationen als Standard-UPC-Barcodes speichern trendy. QR-Code enthält Informationen Identifikation, Tracking, Management, Marketing, Website-Transport und vieles mehr.

Ein QR-Code ist ein zweidimensionaler Barcode quadratische Bild von Punkten auf einem weißen Hintergrund. Die meisten der neuen Handys mit Internet und Kamera kann einen QR-Code zu lesen. Gehen Sie mit Ihrem Handy auf den QR-Code und drücken Sie die App, wie Sie ein Bild aufnehmen. Und schneller, als Sie Ihre Fersen dreimal klicken, sind Sie da.

Relativ billig zu kaufen und einfach zu bedienen, die Sie kaufen können / machen einen QR-Code für fast alles. Es ist toll, für jedes Unternehmen oder Unternehmen, die einen schnellen Zugriff auf ihre Waren, Dienstleistungen oder Ereignisse geben möchte. Einfach schauen Sie sich um und sehen Sie, dass die Invasion des QR-Code ist hier.

Nach einem Albtraum über blutsaugende mutierten Zombie-QR-Codes über die U-Bahn nehmen, öffnete ich eine Schachtel mit Raisin Bran, um meine tägliche Kleie Bedarf zu bekommen. Als ich dort saß Lesen der Box habe ich plötzlich erkannte, gab es ein QR-Code und starrte mich aus der Box. Ich konnte es nicht, so dass ich schloss sie in den Schrank und ging mir ein Sandwich zu bekommen.

Als ich öffnete meine footlongs Paket, das Wasser im Munde bereit, meine Pute und Provolone verschlingen, bemerkte ich einen QR-Code auf der Verpackung sah mir direkt in die Augen. Ich lief schnell zur nächsten U-Bahn. Ich dachte, ich würde zu entkommen, aber es war ein QR-Code auf praktisch jeder Werbung. CDs, Zeitungen, meine Freundinnen zu bewaffnen, ich kann einfach nicht scheinen, um weg von den QR-Code zu bekommen. Bitte hilf mir!

Hashtag

Manche nennen es das Pfund-Zeichen, das Nummernzeichen oder die Tick Tack Toe Zeichen. Nun ist für viele Menschen nennen es das Hashtag. Zunächst für die Social-Media-Sites verwendet werden, hat der Hashtag von Twitter popularisiert worden und wird in erster Linie verwendet, um Nachrichten zu einem bestimmten Thema zu identifizieren. Im Grunde ein Hashtag ist ein bequemer Weg, um für Tweets (Twitter), die ein bekanntes Thema haben zu suchen.

Eines der Dinge, Ich mag über Hashtags ist, dass sie spezifisch sind. Wenn Sie suchen, #Crisis, werden Sie in der Lage, eine Liste von Tweets über die TV-Show zu bekommen. Was Sie nicht bekommen, werden Tweets zu sagen

"Ich bin in einer Krise", weil das Wort Krise nicht direkt von dem Hashtag (#) gefolgt. Sie können Tweets über die 8oer Jahre Rockband Krise bekommen, aber ich bezweifle wirklich jemand etwas über sie zu twittern sowieso.

Instagram

Instagram ist ein Fahrzeug für Online-Nutzer, um Videos und Fotos auf Social-Networking-Websites teilen. Instagram ermöglicht es seinen Nutzern, bevor  Austausch mit der Welt gelten digitale Filter. Ich und mein guter Freunde Mike Krieger und Kevin Systrom gestrahlt Instagram ab Ende 2010 verkauften wir Instagram um Mark Zuckerberg (Facebook) im Jahr 2012 für 1 Milliarde Dollar. Nicht schlecht für ein paar Jahre Arbeit. Ich warte immer noch auf meine Jungs Schnitt.

Im gleichen Jahr wurde Instagram verkauft, hatte es über 100 Millionen aktive Nutzer. Das ist ungefähr $ 10,00 für jeden Benutzer bezahlt. Jetzt hat es mehr als 150 Millionen Nutzer. Wie viel wissen Sie, dass es jetzt wert?

Meine Freunde, die noch schulden mir Geld bei Instagram, in Schwierigkeiten geriet im vergangenen Jahr, als sie dachte, es war okay, ein beliebiges Bild auf Instagram veröffentlicht, was sie wollte, ohne um Erlaubnis zu fragen verwenden. Was für Nerven. Sie haben einige verbale lickings aus allen Arten von Verbrauchern, Gruppen, Anwälte und Prominente. Sie wurden gezwungen, ändern ein paar Richtlinien, um ihre Nutzer zu gefallen. Umzug auf, planen sie immer, dass Werbung Dollar. Was bedeutet, es wird Werbung auf Instagram sehr bald sein. Ich bin in yo! Ist kein Geld wie die Werbung Geld.

Instagram getreten öffnete die Tür für die Kopie Katzen wie Pheed, Flickr und kik, die alle können Benutzer Fotos und entweder wie (nach oben oder Daumen nach unten Daumen) zu teilen, was sie sehen wollen oder nicht.

Die fortschrittlichen Technologien von Kameras auf Smartphones hat den Erfolg von Unternehmen wie Instagram geholfen. Die Möglichkeit, mehrere Standorte zu einem Interneteintrag verbinden können Benutzer teilen Bilder und Videos in mehreren Orten. Mit nur einem Klick auf eine Schaltfläche ein Bild oder Video von Instagram bis auf facebook, twitter, youtube, kik und viele mehr Internet-Websites auf einmal zu drehen.

Wikipedia

Zurück in den Tag, wenn ich brauchte, um Forschung zu tun, ich musste entweder einen

Ausflug in die Bibliothek nehmen oder suchen Sie die hundert und Enzyklopädien (nahm die Hälfte der Wohnzimmer), dass meine Eltern zahlen immer noch für. Schneller Vorlauf bis heute, und diese hart und schwer zu Informationszwecken

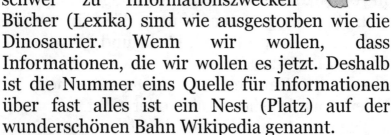

Bücher (Lexika) sind wie ausgestorben wie die Dinosaurier. Wenn wir wollen, dass Informationen, die wir wollen es jetzt. Deshalb ist die Nummer eins Quelle für Informationen über fast alles ist ein Nest (Platz) auf der wunderschönen Bahn Wikipedia genannt.

Zusammen mit meinem Kind Kapuze Freunde

Larry Sanger und Jimmy Wales, Wikipedia wurde ein Traum wahr geworden im Jahr 2001 Bedeutung schnell Enzyklopädie,

ich erinnere mich an Jeopardy am Fernseher und scherzen mit ihnen über die Schaffung eines

kombinierten Wörterbuch, Enzyklopädie, Informations Art von Hybrid, hat alle Antworten. Ich sagte, es sollte für alle Benutzer kostenlos und für alle gemacht werden. Ich sagte ihnen, auch wie ich es nennen.

In aller Wahrheit und Ehrlichkeit Wikipedia ist meine unterwegs auf Daten beziehen, besonders wenn ich kann ihn nicht finden anderswo. Was macht Wikipedia so besonders ist, dass es von den Menschen für die Menschen geschrieben. Es wird ständig aktualisiert, ergänzt und auf Fakten umstritten. Und wenn Sie keine comprende "können Sie mehrere Übersetzungen in über 300 verschiedenen Sprachen zu bekommen.

Leider, weil es so viele Menschen, die zur wachsenden Menge an Informationen über Wikipedia, ist es möglich, dass alle aufgezeichneten Tatsachen ganz korrekt nicht. Obwohl ein paar Stücke zu tun zu halten unbewiesen oder widersprüchliche Informationen können alle Diskrepanzen schließlich gelöst werden, wenn wir sie zu identifizieren und zu vernichten (edit) sie.

Nachteile

Sexting

Es gibt ein paar Nachteile auf die erstaunliche Web-und Sexting ist einer von ihnen. Ein Kunstwort aus SMS und Sex, tritt Sexting, wenn sexuell expliziten Videos, Bilder oder Kommentare werden von einer Zelle zur anderen  (oder viele andere) gesendet. Einige Sexting ist unschuldig und lustig gemeint ist oder flirtacious zu sein. Andere Sexting kann bedeuten, gefährlich und eine Persönlichkeit Killer. Es kann auch kriminell sein. Im Jahr 2012 wurde das Wort Sexting offiziell Websters Wörterbuch hinzugefügt.

Auf der ganzen Welt Sexting wurde immer Menschen in Schwierigkeiten. Nicht nur ist es ein Dorn im Auge von ein paar Politiker es hat sich auch auf viele Jugendliche und Kinder. Ein großes Problem bei jungen Leuten SMS ist, dass sie oft nicht bewusst, dass sie in der Kinderpornografie Teilhabe und konnte festgenommen werden. Wenn Erwachsene in den Besitz dieser Bilder kommen sie festgenommen und als Pädophiler bezeichnet werden.

Als Wort der Beratung, nie von sich selbst senden Medien niemandem, dass Sie nicht möchten, dass Ihre Mutter zu sehen. Und schon gar Bilder oder Video von jemandem nicht nehmen in einer Position, die Sie nicht wollen, in zu sehen. Es gab Morde und Selbstmorde über in kompromittierende Situationen gefangen. Es ist fast unmöglich, die Ausbreitung zu stoppen, sobald Sie diese Sendetaste drücken und legte unangemessene Bilder oder Worte draußen auf Web. Alles, was Sie löschte es möglicherweise für immer so respektabel sein.

 *Cyberbully*

Wie der Name schon sagt, ist Cyber-Mobbing, wenn eine oder mehrere Personen oder die Web- SMS zu belästigen oder zu schädigen andere Person zu verwenden. Cyberbullys vorsätzlich gefährden, Schande, zu manipulieren und ihre Opfer fälschlicherweise erniedrigen. Cybermobbing ist in der Regel von Jugendlichen getan.

Es gab einen neuen Fall von Cyberbullying, wo zwei Mädchen im Alter von 12 und 14 wurden mit Verbrechen der Verbrechen angeklagt. Der 12 Jahre alte Opfer war so verzweifelt, dass sie beschloss, ihr Leben zu beenden. Es war auch ein junger Mann, der heimlich von seinem  Mitbewohner Eingriff in gleichgeschlechtlichen Geschlechtsverkehr aufgezeichnet wurde. Das Video wurde auf dem Netz und Gefühl Schanden, der junge Mann hat sich umgebracht.

Ähnlich wie Cybermobbing, Cyberstalking ist, wenn eine Person nutzt die Web-oder andere elektronische zu verfolgen und Hektik eine andere Person oder Personen. Pflanzen von Viren, stehlen Identitäten und falsche Anschuldigungen sind alle Formen von Cyberstalking und eine Straftat ist. Ein  Mann wurde mit Cyberstalking zu sagen einige abfällige Dinge über seine Ex-Freundin und legte ihre E-Mail und Telefonnummer auf ein paar Social Media Websites in Rechnung gestellt.

Übung

Bewegungsmangel ist ein großes Problem, wenn man ständig mit elektronischen Geräten. Sitzen für längere Zeit in der gleichen Position kann zu vielen Erkrankungen führen. Karpaltunnelsyndrom führt zu Schmerzen im Handgelenk, Finger und Gelenke. Über die Verwendung

der Handmuskeln können Kribbeln, Taubheitsgefühl und Schwäche führen. Es ist wichtig, aufzustehen und zu dehnen. Dies ist, wie ich zu tippen möchten.

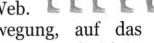

Fettleibigkeit kann auch zu einem Nebenprodukt der erstaunliche Web. Weniger Muskelbewegung, auf das Gesäß geparkt ganzen Tag. Essen mit einer Hand, während Sie tippen und surfen mit dem anderen kann zu einer Gewichtszunahme führen. Und durch den verstärkten Einsatz von elektronischen Medien für die Schule und Spiel, viele unserer Kinder sind Opfer zu fallen, übergewichtig. So viel wie ich loben

73

die erstaunliche Web, ist es kein Ersatz für die exersise wir brauchen, um gesund zu bleiben.

Körper Trauma

CVS oder Computer Vision Syndrom ist eine andere Frage, die  von gleichbleib Verwendung von elektronischen Geräten auftreten können. Sehstörungen, rote brennende Augen, Nackenschmerzen, Rückenschmerzen und Kopfschmerzen können die Folge von CVS sein. Unter intermittant Zeit aus dem  Computer helfen reduzieren oder zu verhindern CVS. Als meine Mutter zu verwenden, um mir zu sagen, "Gehen Sie aus und den Duft der Rosen."

Ausgehen

Einige Leute glauben, dass soziale Websites sind das primäre Fahrzeug, das wir verwenden werden, um miteinander von nun an zu knüpfen und zu einem gewissen Grad, die wahr sein kann. Es scheint, dass ein auf einem physikalischen Wechselwirkungen schnell abnimmt. Viele Menschen auch lieber einander Text eher als ein Telefongespräch oder machen einen Besuch.

Es verwenden, um eine Zeit, als ich nahm meine Küken aus den Clubs und andere Veranstaltungen sein. Nun, wenn ich jemanden sehen, Ich mag auf dem Netz Ich bitte um ihr Freund sein und hoffe, dass sie wirklich wie ihr Bild aussehen, wenn wir jemals persönlich treffen sollte.

Das Internet ist in seiner Mitte twentys so ist es das Gefühl, wie es die Welt erobern. Aber es ist mehr im Bereich der Hunde Jahren, so ist es eine sehr  alte zwanzig etwas. Doch das Internet ist so ein wunderbares Werkzeug für diese Informationszeitalter. Immer wenn ich einen Artikel Ich interessiere mich ich immer zu überprüfen, was das World Wide Web dazu zu sagen. Ich bekomme mehr Informationen als ich verdauen kann, weil es in der Regel mehrere Bewertungen auf jedem Produkt verkauft geschrieben. Und wenn es nicht ist, können Sie es schaffen. Das ist für mich die Schönheit (und das Tier) des Netzes. Wir alle Zugabe zu. Nein, Bild, Kommentar oder eine Transaktion überhaupt wird endgültig gelöscht. Nicht einmal sie reist durch die Portale der Netasphere©.

Die wunderbare Web wird auch weiterhin das Leben einfacher für uns zu machen, aber es wird wahrscheinlich machen uns fauler. Es verwenden, um sein, dass wir mussten manuell (aufstehen) drehen Sie den Kanal und heben oder senken Sie die Lautstärke. Jetzt sagen sie, das einzige, was ein Mann kann nicht ohne leben, ist die Fernbedienung für den Fernseher. Wir sind zu einer Gesellschaft von Instant gatification, leben auf Fast Food. Mit Internet, herausnehmen und Lieferung auf einem Allzeithoch.

Banking wird im Internet durchgeführt. Air-Flüge und Hotelreservierungen werden über das Web erfolgen. Mit Websites wie 'über' Sie können jetzt noch ein Taxi rufen, ohne einen Anruf tätigen. Und mit MTA Reisen Sie nicht lange auf den Bus warten, weil Sie wissen, wenn es excatly kommt.

Aus einem Sortiment von selbstregulierenden Systeme die Bahn zu einem universellen Körper, der eine Phase der Kommunikation für neue und alte Unternehmen, Pädagogen, Prominente und normale Leute gleichermaßen bietet umgewandelt. Alle sind willkommen, und Sie können auf diesem riesigen Netzwerk durch mehrere Mittel zu verbinden. Sie haben noch nicht einmal selbst zu sein (aber jemand anderes bist du nicht wirklich in Kontakt mit einer Seitenlänge von selbst, dass Sie damit die Unterdrückung wurden bringen die wirkliche Sie?). Akward.

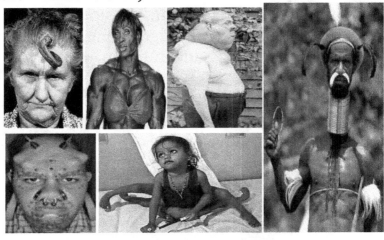

Da das Internet spielt eher eine Hintergrundrolle wird es ein allgegenwärtiges Spieler in unserem täglichen Leben, damit uns geben, was als die "Ubernet" (allgegenwärtig +  Internet) bekannt. Genau wie wir über die große Systeme, Gas, Wasser und Strom in unsere Häuser zu bringen vergessen haben, werden wir zu dem Punkt, ©, die wir nicht zu bemerken, wie sehr wir auf sie verlassen internetized werden.

Heute sind viele von uns bewusst schlafen. Wir schlagen in und auf der Uhr des Lebens, fast wie Roboter. Zusammen mit der virtuellen Realität die Ubernet wird befürchtet, zu einem der Werkzeuge sein, um uns geistig tot oder beschäftigt genug, um linke Seite, während die rechte tut sein schmutzige Arbeit zu halten. Dr. Yorker nannte es der Zauber Kingu (Liviathan). Cyndi Lauper sang "Girls just wanna have fun".

Um nur einige zu, ist das Wort ubernet nur ein Slang unten für Internet-Ekel setzen (zB "Darn ubernet nicht funktioniert"). Ich glaube, dass die Reichweite des Ubernet wird internationale Anleihen zu verbessern. Bei der Förderung der konstruktiven Zusammenhänge zwischen Kulturen ist, wird die wunderbare Web die Menschen bewusster des Planeten und ein bisschen mehr tolerant mit einander.

Virtuelle Realität

Zurück in den frühen achtziger Jahren Videospiele zu einem wichtigen Phänomen und alle Geschäfte hatten mindestens eine. Wir hatten keine Home-Video-Spiele noch nicht so würden

 wir gehen, fallen unsere Quartal in den Schlitz und genießen Sie unsere wenigen Minuten töten Aliens. Schließlich Videospiel-Läden eröffnet ganz, aber es war nicht so wie es heute ist. Nehmen Sie zum Beispiel 34. Straße, hatten sie eine Arkade mit Tonnen von Videospielen zu spielen. Mein Vater würde uns dort einfach nur den ganzen Tag Videospiele spielen zu verbringen. Wir würden von einem Spiel zum anderen zu springen, oder manchmal auch zu meistern ein oder zwei Stunden. Es gab sogar Arbeiter herum Wechsel-Dollar-Scheine, um Quartier für uns immer zu spielen.

 Als Reagan Präsident war hatte ich einen Commodore 64 Computer. Es gab kein Internet, aber ich konnte immer noch meine eigenen Video-Spiele zu machen. Sie waren nicht so fortgeschritten wie die Videospiele in den Laden, und es dauerte Tage, um buchstäblich in allen Codes eingeben, um einfache Dinge zu tun. Aber es hat mich beschäftigt und führen zu den coole Widgets wir jetzt haben. So schnell vorspulen Space Invaders  und Pac Man, und sehen mit Ihrem Google- 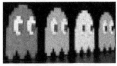 Glas, die virtuelle Realität ist zu übernehmen.

Google Glass ist die equavalent zu tragen einen Computer auf dem Kopf. Es gibt keine Tastatur oder Tasten drücken, so ist es die Hände frei. Sie kommunizieren mit ihm, als ob Sie einen Freund sitzt auf der Stirn hatte.

Mit der Fähigkeit, wie Sie Dinge um Sie herum sehen zu ändern, ist Google Glass das neue Zeitalter der virtuellen Realität. Noch virtuelle Realität ist nichts Neues. Es hat sich schon seit geraumer Zeit, aber in der Vergangenheit angesaugt, wenn es um den tatsächlichen Produkten kam. Und Google Glass ist nicht allein.

Ich war gerade hängen mit meinem Mann Mark Zuckerberg, als aus heiterem Himmel zeigte ich ihm meine Rift Headset Prototyp (Oculus). Mark Z entschieden (hinter meinem Rücken), in der Gesellschaft für ein paar Milliarden zu investieren. Sie glaube, ich habe etwas aus dem Geschäft? Ich fühle mich wie mein alter Mentor Rodney Dangerfield "Ich bekomme keinen Respekt".

Jetzt in den neuesten technologischen Fortschritt in der virtuellen Realität "Oculus". Oculus ist ein Headset, das Sie zu einem anderen Ort, Zeit oder Märchen. Sie werden in einem Computer generiert Umgebung vertieft. Sie können Teil des Films oder Spiels zu werden. Es ist gesagt worden, dass seine virtuelle Welt ist so gut, dass Sie sich wie Sie tatsächlich dort.

Grundsätzlich kann man sich vorstellen, dass in Zukunft die Leute werden wahrscheinlich  lange sitzen in einem stinkenden, schwitzenden, dunklen, feuchten Raum mit einem Paar futuristische Fernglas auf den ganzen Tag. Sie werden über Hygiene, Ernährung, oder Eliminierungen vergessen, weil sie völlig in einer anderen Welt eingetaucht werden. Die Art, wie Menschen sich in ihren Handys jetzt um 100 absorbiert, dass Xs.

Andere Video-(Computer-) Spiele, die von Bewegung, wie Nintendos Virtual Boy, Wii, Kinect und Playstation 4 gesteuert haben den Weg für die Gleichen von Oculus Rift, Sony Projekt Morpheus und ein paar andere, die Befinden Herold als bahnbrechende und überzeugende, aber haben geebnet noch Starttermine haben. Erfahrungen mit diesen neuen Gadgets sollen zunehmend mehr Spaß, hilfsbereit, und individuelle Erfahrungen zu geben. Sie tun wirklich nehmen es persönlich.

 Einige glauben, dass das Tragen eines Paares überwuchert Brille über dem Kopf, der Sie weg von der Realität und ergreift die Sinne ist

letztlich unsozial und gefährlich. Es gibt diejenigen, die es falsch ist, so viel von sich selbst zu einer künstlichen Intelligenz (KI) geben fühlen. Sie glauben nicht, es ist eine gute Sache. 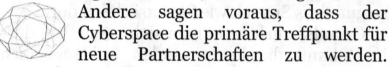 Andere sagen voraus, dass der Cyberspace die primäre Treffpunkt für neue Partnerschaften zu werden. Netasphere © Zugehörigkeit aus der ganzen Welt werden mehr gemeinsame Stelle und Link Gleichgesinnten zu werden, während brechen Rassenschranken und Stereotypen. Die neue Kopfbedeckungen werden holograhphic Bilder einzubauen, so gut und die Leute zu bringen, so gut wie dicht zusammen, dass sie glauben, wie sie können "buchstäblich in der Lage, sich gegenseitig zu stoßen sein."

Hologramme

Wie viele Menschen meine erste Erinnerung an ein Hologramm kam von Star Wars. Ein Bild von Prinzessin Leia wurde Plädoyer für ihre einzige Hoffnung. Vor einem Jahr war es Tupac Konterfei auf der Bühne. Jetzt ist es Micheal Jackson und Hatsune Miku, Japans größte Pop-Star ist nicht einmal eine reale Person. Es wurde einmal gemunkelt, dass George Lucas kaufte die Rechte an Verstorbenen, um eine 3D (holographische) Film mit ihnen zu machen.

Ein Hologramm ist ein dreidimensionales Bild, das durch die Interferenz von Lichtstrahlen von einem Laser oder einer anderen kohärenten Vorrichtung gebildet. Normale Bilder und Filme sind zweidimensionale mit der Aktion auf dem Bildschirm passiert, während ein holographisches Bild scheint in der Lage, Sie in das Gesicht zu schlagen sein. Das 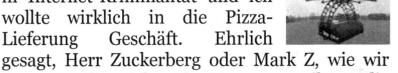 Theater ist ein perfektes Beispiel und Sie können erwarten, um große Fortschritt in der Zukunft Hologramme zu sehen.

Drohnen

Einige Leute dachten eigentlich, mein Partner in Internet-Kriminalität und ich wollte wirklich in die Pizza-Lieferung Geschäft. Ehrlich gesagt, Herr Zuckerberg oder Mark Z, wie wir ihn nennen, nicht Pizza essen, weil er die Laktose-Intoleranz ist.

Ein Frühjahr (nach einer durchzechten Nacht) Morgen wir spielten verbinden vier und reden über das, was eine Explosion wir die Nacht zuvor. Natürlich hatten wir die Knabbereien mit kurzen Armen und tiefen Taschen. Nach dem Anschluss vier in einer Reihe, machte ich diese Geschichte, wie ich wollte, die Drohnen durch die Luft fliegen und liefern Pizza in 10 Minuten oder weniger könnte. Und nur weil er nicht haben kann Milchprodukte Mark Z beschlossen, meine

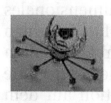 Idee zu nehmen, rufen Sie es Connectivity Lab und Internet liefern anstelle von Pizza. Was würden Sie lieber Internet oder Pizza?

Für den Aufbau einer Armada von Satelliten, die Connectivity Lab baut derzeit Drohnen, die Lage, das Internet in abgelegene Gebiete zu liefern gewidmet. So können Sie erwarten, zu sehen, unauffällig leise Metallobjekte in der Luft schweben sehr bald. In  mehr offene Bereiche wie den Vorstädten haben sie Höhe Flugzeuge, die von der Sonne angetrieben werden erhöht. In der Lage, in der Luft für fast ein Jahr zu bleiben, werden sie leicht überwacht und gesteuert.

 Google hat die gleichen Ideen mit Project Loon. Sie sind auf der Suche nach weltweiten Internet-Zugriff durch die Verwendung Ballons, die solarbetriebenen liefern. Sie haben fast 50 Ballons in der Atmosphäre bereits und viele weitere werden folgen. Mit der Reichweite und Geschwindigkeit der Bahn, wenn es irgendein intelligentes Leben da draußen im Raum, den sie  wissen, dass wir hier sicher. Beachten Sie dies, bis wir spielen Space Invaders für echt.

Wer wusste, dass dieser Modellflugzeuge wir verwenden, um zu bauen, wie Kinder eines Tages Drohnen genannt und verwendet werden, um echte Kriege zu kämpfen. Auch als UAV oder unbemannte Fahrzeug, sind Drohnen-Piloten weniger Flugzeuge. Per Fernbedienung oder Computer gesteuert werden, hat ihre militärischen Einsatz viele Leben gerettet. Zusätzlich zu dem Militärdienst, haben Drohnen durch die Strafverfolgungsbehörden, Bombe Kader und Feuerwehrleute eingesetzt.

Nicht nur für die Bereitstellung von Pizza, können Drohnen helfen, geben der Polizei Informationen über Risikosituationen und unterstützen die Feuerwehr mit Brände zu löschen. Drohnen werden auch weiterhin uns sehr in unserem Streben nach der ultimativen Cyberspace-Verbindung dienen.

GESUNDHEIT

Während wir sehen die wunderbare Web in unser Leben zu verwickeln, wird es weniger und weniger bemerkbar.  Die Gesundheitsbranche wird insbesondere ihre Fähigkeit, Patienten über das Web zu überwachen, um alle Vorteile. Nicht nur kostengünstig, es spart Zeit und ist oft einfacher für den Patienten und Arzt. Ich

nutzen, um meine psychologischen Sitzungen auf Lautsprecher haben und jetzt kann ich es auf Videotelefon zu tun.

Zusammen mit Vital, viele Menschen mit COPD, CHF, Herzprobleme und Diabetes, werden bald ihre Beschwerden aus der Ferne von zu Hause aus überwacht. Die kleinen Geräte keine Drähte müssen und es werden die Daten von jedem Ort zu übertragen. Sie werden nicht ausweichend, so werden wir bald vergessen, dass sie auch dort, bis ein Notfall eintritt sind.

Schwangere Frau wird für ihre Föten beobachtet werden. Drogenabhängige wird für die Nutzung überwacht werden. Verrückte Leute für verrückt Gedanken verfolgt werden, und dicke Menschen werden ihre tägliche Aufnahme von Lasagne festgehalten wird.

Sie können auch die Liebe zu überwachen. Es

ist ein BH, lösen wird, wenn der Benutzer wird zu jemandem hingezogen. Ich habe eine, jetzt, wenn ich nur eine Frau, mit ihm zu gehen.

Es gab eine Zeit, wenn alle von New York teilte eine 212 Vorwahl. Mit der Nachfrage nach mehr Telefonnummern kam eine Änderung in der Internet-System. Telefon-Unternehmen hatte auf 718, 646, 917 und andere Vorwahlen, um den Bedarf zu füllen hinzuzufügen. Wenn Sie aufhören, darüber, dass das Internet ist fast das gleiche, aber auf einem

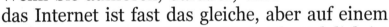

viel größeren Maßstab. Folglich ist eine multinationale Organisation namens Internet Corporation for Assigned Names and Numbers (ICANN) wurde gegründet, um die Vorwahlen des Internet verwalten.

Jedes Mal, wenn Sie etwas über das Netz praktisch Mailing Sie eine Nachricht von einer IP-Vorwahl zu einem anderen zu senden. Internet Protocol (IP) Vorwahlen sind die Anschlüsse, Telefone, oder zu Hause, wo wir zu senden und die Nachricht zu empfangen. Können Sie

.196.102.201

sich vorstellen, ein System, das, um die Navigation so viele IPs arbeitet finden: 340.000.000.000.000.000.000.000.000.000. 000.000.000? Das ist eine Menge. Ohne IP-

Vorwahlen wäre es unmöglich, und es gäbe kein Internet ohne sie.

ICANN ist international laufen. Keine einzige Regierung insbesondere, Organisation oder Person kontrolliert. Wenn man sich die Web-als Bibliothek aussehen, sind sie die Bibliothekare.

ICANN ist nicht die einzige Gruppe, um die Position des Bibliothekars wunderbare Web zu suchen. Zurück im Jahr 2012 die ITU International Telecommunication Union oder versuchte vielen Ländern einen weltweiten Vertrag auf, wie man das Internet regeln zu unterzeichnen. Amerika war eine von vielen, nein zu sagen, weil der Vertrag es den Einsatz und die Privatsphäre der Internet beschränkt. Dank der Arbeit von verschiedenen

Internet-Gruppen wird die Bahn dazu bei, ungerechte Gesetze Internet auf der ganzen Welt zu verändern.

Wir werden zwangsläufig lernen, wie man angemessen verhalten, weil wir ständig beobachtet und bestraft wird. Viele Menschen werden auf die Bahn in einer Anstrengung, um nicht bemerkt zu drehen. Es spielt keine Rolle, weil Big Brother wird immer noch zu beobachten.

Es ist sogar immer schwerer, ein Verbrechen zu tun, weil jedes Mal wenn Sie einen Block nach unten zu gehen, oder geben Sie eine Niederlassung, die auf Video aufgezeichnet werden. Anrufe werden überwacht. Global Tracking ist auf vielen unserer Geräte aktiv. Metrocards tragen Informationen zu welcher Zeit und wo wir mit jedem Swipe gewesen. Supermärkte, Taxis, Schulen, Parks, Häuser, Bäder, lächeln Sie Ihre auf "Big Brothers Watching You".

Das FBI konnte einen Track (Ihr auch) nicht zu halten, so dass sie auf mich bildete die NSA (National Security Agency), um alle meine Anrufe, Texte und Darmbewegungen aufzeichnen. Nicht, da mein Großvater Schritt George Orwell schrieb "1984", habe ich mehr Angst, einen Anruf zu tätigen. Das ist, warum ich jetzt sprechen nur über Muscheln und Pappbecher mit String.

Ich will einfach nur einen Schrei aus und senden Sie den Rekord gerade. Auf ein NSA-Agent, unter dem Codenamen "Vv" geht. **Diese Nachricht ist nur für sie.** *"Ich wollte nicht essen Ihr Hund und ich im Begriff war, eine Pediküre bekommen. Ich verspreche.*

Jetzt großer Bruder Nummer 4, auf den Block als vierte Änderung bekannt ist, sagt, dass ich eine vernünftige Menge an Privatsphäre erwarten. Noch weiß ich, dass mein Handy als Abhörgerät für mehr als nur verwendet werden, wenn ich einen Anruf. Die NSA hört, wenn mein Handy ist noch nicht einmal in Betrieb ist (auch von dir). Das einzige Mal, sie nicht zu dem, was ich tue, zu hören ist, wenn ich nehmen Sie den Akku aus dem Telefon.

Ich bin ein bisschen paranoid? Vielleicht bin ich aber immer noch wahr. Nur Forschung DCAC oder der Inlandskommunikation Assistance Center. Sie werden von der FBI laufen und sind Experten Drahtgewindeschneider und Buchleser. Ich habe gesagt (geschrieben) zu viel, nächstes Thema bitte.

Das Ende

 Vor allen Dingen, auch ganz abgesehen von dem Internet, ist Geld ein Anliegen für die Zukunft. Aber Papiergeld und das Internet war noch nie Freunde. Das Web hat immer gewusst, dass die

Zukunft unserer toten Präsidenten ist sehr düster. Die Dollar-Schein wurde langsam für einige Zeit jetzt auslaufen, und das ist, warum Ihr Geld ist nicht gut auf dem Netz. Sie müssen Kredit haben auf dem Web oder Transaktionen erwerben kann manchmal Monate dauern, um zu löschen.

Von Token zur U-Bahn-Karten, Münzen, um EZ spielt Bargeld, Kreditkarten, macht selbst Chuck-E-Cheese Sie in echtem Geld zu handeln für ihr Geld, um mit ihren Spielen. Sie sagen, es macht die Dinge schneller und einfacher, aber der wahre Grund ist, um Papiergeld, ein System auf Kredit gebaut zu beseitigen und zu haben.

Bald kommen ist eine bargeldlose Gesellschaft. Denken Sie daran, Lebensmittelmarken? Treffen Sie die EBT-Karte. Denken Sie an die Lohntüte? Sag hallo zu direkte Einzahlung. Drogengeschäfte, Damen der Nacht, auch Glücksspiel wird jetzt mit Kredit-oder Debit abgewickelt.

Es ist derzeit ein Versuch, digitales Geld in die reale Welt einzuführen. Es heißt die Bitcoin. Es ist eine Person zu Person digitale Währung, die nicht Teil von einem bestimmten Land oder Bank. Bitcoin behauptet, frei von Inflation und Zinsen unabhängig von den Marktpreisen liegen.

91

Bitcoin ist im Grunde eine App, die Benutzer, Geld im Internet auf der ganzen Welt verbringen können. Allerdings Bitcoins tun mehr als Kreuzfahrt im Netz. Vancouver hat Geldautomaten und Geschäfte, die Bitcoins als Zahlungsmittel akzeptiert. Es wird erwartet, dass wir in der Lage, für den Unterricht mit Bitcoins wirklich bald zu bezahlen, Flüge nach Raum und Lebensmittel. Es ist ein neuer Weg, um für Dinge zu bezahlen, aber es wird eine normale Art der Transaktion in der Zukunft sein.

Wie viele neue Dinge, kann die Bahn schwieriger für die älteren Generationen zu navigieren zu werden, aber es ist nicht nur ein Generations Thema. Zugang zu den neuen Computer, Ideen und Technik ist nicht immer einfach, für einige erwerben. Noch, wie unsere Kinder wachsen sie werden so vertraut mit den aktuellen Gadgets, die wir brauchen sie oft zu uns mit dem "neuen Sachen" zu unterstützen. Mit dieser sagte die Zukunft des Internet gehört die Zukunft (unsere Kinder). Sie werden entscheiden, was ihnen wichtig ist und entsprechend handeln.

"'Der beste Weg, die Zukunft vorauszusagen, ist, sie zu erfinden."

* Die Rücktitelbild ist mir in den 80er Jahren. Ich habe keine Ahnung, warum ich brauchte, um dir sagen.

Über den Autor

David Theodore ist ein Produkt der Bronx und wurde die Schaffung Geschichten seit über dreißig Jahren. Ein Absolvent der Psychologie Paine College in Augusta Georgia und Forensische Psychologie an der John Jay College in Manhattan, will er eines Tages seinen Doktortitel zu verfolgen. Lebensreise hat ihm erlaubt, halten Sie viele Arbeitsplätze, einschließlich Vater, Lehrer, Taxifahrer, Kassierer, Fast-Food-Koch, Vakuum-Verkäufer, Bauarbeiter, Arbeiter Regierung, Video-Jockey, Berater, home health aide und mehr. Noch jeder Tag hat seine Höhen und Tiefen, und für einen kurzen Zeitraum er obdachlos und schlafen in den Tunneln unter New York City war. Durch all die guten und schlechten Zeiten, Schreiben blieb eine Leidenschaft.

Mit den Türen der großen Verlage und Agenten immer wieder in sein Gesicht schlug, beschloss er, sich selbst zu veröffentlichen. Letztlich fand er hat die Leute, die in seinem Kampf zu teilen haben sich seine größten Unterstützer. Nun, wenn er sich auf die U-Bahnen bekommt oder Spaziergänge durch die Straßen von New York City wird er mit seiner Bücher und der Wunsch, seine Literatur mit der Welt teilen bewaffnet.

Besuche seine anderen Bücher auf Amazon und Kindle:

Single dad Monty Richards nicht mit der einfachste Zeit hob die Kinder Maritza, Marian und Mont 2 auf seine eigene, aber sie sind eine glückliche Familie. Dann trifft er Evette, eine Frau, die kämpft mit Abhängigkeiten und Verlassen Fragen. Ist sie die, die er hat, für Sehnsucht wurde und die Mutter die Kinder heraus in ihrem Leben brauchen? Oder wird sie reißen die Familie auseinander?

Don wird während seiner späten Jugend, Drogen und Sex eingeführt. Er gerät in ein Netz aus Lügen und Täuschungen gefangen, während Fang das Auge von Jackie, einer aufstrebenden Drogenhändler Mädchen. Johnny die Drogenhändler nicht unbedingt gut, jemanden zu schlagen eine seiner Honige und entscheidet Rache in Ordnung ist. Inzwischen wird Don schlagen Skins wie ein Zuchtbulle, nicht wissend, dass Johnny kommt für ihn.

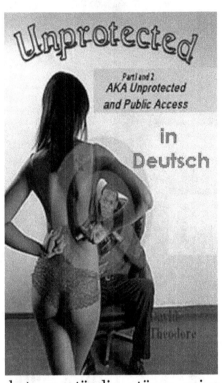

Konfrontation erfolgt und der Bösewicht ist auf der Flucht. Don kaum überlebt, aber er wird nicht lange leben, wenn er auf seinem zerstörerischen Weg geht weiter. Noch ist es schwer das Richtige zu tun, wenn es so viele negative Einflüsse um.

Mit all den Besucher hat er ständig stören seine Stimmung sinkt Don weiter in einen sexuellen Abgrund. Während Johnny macht die Fest finden, dass es keine Loyalität in den Straßen. So oder so, ist der Schutz in Ordnung, weil das ist Ungeschützte Teil I und II an.

Roh, amüsant, unerwartet, umstritten, dramatisch und sehr sexuell. Dies sind nur einige der Worte verwendet werden, um Post Passions beschreiben & Return To Sender. Denn nur reife Leser.

Contents

Contents

A. Software Quality Plan

This standard specifies the format and contents of a quality plan. It identifies the practices and processes to be applied during a project to ensure that the deliverables conform to the agreed requirements.

It also identifies the quality objectives of the project, which are statements about measurable aspects of project and quality management.

The quality plan includes the following:

- The scope and objectives of the quality aspects of the project.

- The quality deliverables that the project will produce.

- The process by which those deliverables are produced.

- The organisation and staffing which will perform the quality functions.

- The responsibilities of those involved.

A.1. Scope

This standard applies to projects operating under the software quality management system.

This standard does not apply to small projects for which approval has been obtained (refer to the quality manual) to use a terms of reference in lieu of a project plan, quality plan and project agreement.

A.2. Objectives

The objective of this standard is to provide project and quality managers with a guide for the development of the quality plan.

The outcome of using this standard will be the following.

- Quality related aspects of the project will be considered during the planning stage of the project.

- Quality plans shall define the project's quality objectives, quality deliverables and how they are to be managed.

- Quality plans shall have consistent content and format.

A.3. References & sources

[1] IEEE 730

Standard for Software Quality Assurance Plans
IEEE Software Engineering Standards 1993 Ed.

A.4. Responsibilities

The Project Manager is responsible for the following.

- Preparation and maintenance of the quality plan

- Presentation of the quality plan as part of the project
approval process

- Conducting the quality aspects of the project in
accordance with the approved quality plan

The Quality Manager is responsible for the following.

- Approval of the quality plan prior to submission to the
customer and for the project's approval.

B. Standard description

An approved quality plan is a prerequisite to the conduct of a project. A quality plan shall be created at the commencement of each software quality management system project. It is developed concurrently with the project agreement and the project plan.

Note: small projects for which approval has been obtained (refer to the quality manual) can use a terms of reference in lieu of a project plan, quality plan and project agreement.

This procedure description section outlines the minimum content of the quality plan.

All quality plans shall have as a minimum, a contents, as described in the table of contents sections following.

```
Table of Contents
    1.  Purpose
        1.1. Project description
        1.2. Quality objectives
        1.3. Life cycle model
        1.4. Precedence
        1.5. Scope
    2. Reference documents
        2.1. Software quality management system stds
        2.2. Other standards
        2.3. reference documents
        2.4. Other documents
    3. Management
        3.1. Quality organisation
```

```
      3.2. Quality tasks and responsibilities
4. Documentation
      4.1. Identification & filing of project docs
      4.2. Project document standards
5. Standards, practices, conventions and metrics
      5.1. Standards
      5.2. Practices and conventions
      5.3. Metrics
      5.4. Project debrief
6. Reviews and audits
7. Test
8. Problem reporting and corrective action
9. Tools, techniques and methodologies
10. Code control
11. Media control
12. Supplier control
      12.1. Individual contractors
      12.2. Supplier quality and control
      12.3. Suppliers quality system
      12.4. Control of purchased software products
13. Records collection, maintenance and retention
14. Training
      14.1. Quality assurance representative
      14.2. Project team
15. Risk management
      15.1. Introduction
      15.2. Risk assessment
      15.3. Risk scenarios
```

Table 1 - Quality Plan Table of Contents

Where a section is not relevant, still include the section and say 'Not applicable' with a brief reason(s) for leaving it out.

Additional sections may be added as required and should follow a similar format and numbering convention as the rest of the quality plan.

Some of the material may appear in other documents. If so, then reference to these documents shall be made in the body of the quality plan.

B.1. Purpose (section 1)

This section of the quality plan gives a basic overview of the project, defines the quality objectives for the project, and defines in detail the scope of the Quality Plan.

B.1.1. Project description (section 1.1)

This section shall provide a brief overview of the project to which the Quality Plan relates. It should provide a reference to the Project Plan for a more complete description of the project.

B.1.2. Quality objectives (section 1.2)

This section shall state the quality objectives of the project. Each objective must be measurable and it must be possible to determine compliance through the use of some measurable quantity. Do not restate the project objectives (those from section 1.1 of the project plan).

It is difficult to have meaningful quality objectives until projects become familiar with the use of quality systems and have metrics collection processes in place. The following are examples.

1. *Have technical review on all project documents*

2. *Maintain a minimum review effort of 10 minutes/page on all project documents*

3. *Have less than x project change requests*

4. *Have a delivered defect density during the warranty period of less than 1 defect per 10,000 lines of code.*

A table identifying the metric or metrics used for establishing compliance with each of the Quality Objectives, and an indication of whether the objective has been achieved shall be included. The table need only identify the metric(s) to be used, section 5.3 of the Quality Plan should be referenced for a complete definition.

The quality objectives and metric(s) shall then be monitored and reviewed during the project, and the table updated with subsequent revisions of the Quality Plan, though it is likely that compliance or otherwise will only be able to be determined at the conclusion of the project.

An example of the required table is given below.

Objective	Metric(s)	Reference
1	Review minutes/page	5.3.x
2	Number of project change requests	5.3.y

Table 2. Metrics for quality objectives

B.1.3. Life cycle model (section 1.3)

This section shall provide in detail the project's life cycle, or make reference to the project plan. If the model is provided it may be given as a flowchart, a table or a written description and should reflect the information in section 2.1 of the project plan.

The life cycle of a project shows the major phases or stages of the project. It need contain only a high level project phase description and does not include the detailed tasks or activities necessary for the construction of the schedule.

Many different project structures may exist given the major differences between, say, a large development, purchase of a package, enhancement of an existing system and so on.

B.1.4. Precedence (section 1.4)

Indicate the order of precedence which applies should conflict occur between certain items of project documentation. For example standards will take precedence over the quality plan.

B.1.5. Scope (section 1.4)

This section shall describe in detail the scope of the Quality Plan for each of the project deliverables.

For each project deliverable show the intended use of the deliverable and the proportion of the software life cycle of that deliverable, that is covered by this Quality Plan. This information is normally given in a table such as the example below.

Deliverable	Intended use	Life cycle portion
XXX software product	Measurement and recording of traffic patterns to support marketing activities.	Specification to Install
Installation manual	Installation of the XXX system by staff from the operations support systems group in JUH.	Specification to Install
Hardware purchase recommendation	Equipment provisioning group in customer organisation	Specification to Install

Table 3. Quality scope for deliverables.

Definitions of the terms used are as follows.

- **Project deliverable** - software or documentation items delivered to the project customer. Intermediate deliverables, such as design documents, test procedure documents and others which are not supplied to the customer as a deliverable are not included. A list of the project deliverables is given in the project agreement, and project plan.

- **Intended use** - a description of the intended use of the deliverable. For the major deliverables this description could be quite large in which case a concise statement should be given with a reference to where the detailed information can be found.

- **Life cycle portion** - this details the phases of the total life cycle of the deliverable that are covered by the quality plan. Unless the methodology to be used for the project specifies different life cycle phases, those to be used are given in table 3, along with their application to documentation type deliverables. If other types of deliverables are involved, or other life cycle phases are used, a mapping of life cycle phases to identifiable equivalents in the life cycle of the deliverables shall be included in the Quality Plan.

Software life cycle phases	Documentation lifecycle phases	Other deliverables
Specification	Requirement	
Project approval	N/A	
Design	Design	
Implementation	Write	
Test	Review & Verify	
Install	Distribute	
Operation and Support	Use	

Maintenance	Refine	
Retirement	Scrap	

Table 4 - Life cycle phases for use in quality plan.

B.2. Reference documents (section 2)

Section 2 of the quality plan gives the full identification of every document referenced in the quality plan. The source and location of the documents shall be provided in addition to the identification, thus enabling access to all documents referenced.

A document is referenced when a specific reference is made to the document by its title or document code.

B.2.1. QMS standards (section 2.1)

This section contains the list of software quality management system standards referenced in the quality plan.

References shall be given in a table as follows.

Standard No.	Standard Name	Version No.	Date

Table 5. Sample Reference table.

B.2.2. Other standards (section 2.2)

This section contains the list of non software quality management system standards referenced in the quality plan. If any of these non software quality management system standards have been developed for the project they shall be filed as part of the Project Documentation Register.

B.2.3. Reference documents (section 2.3)

This section contains the list of documents referenced in the quality plan. Do not include project documents or deliverables. Include and identify input documents to the project from earlier work.

B.2.4. Other documents (section 2.4)

This section lists those documents referenced in this plan that do not belong to the earlier categories. These would include project documentation and document deliverables.

Note: reference should be made to the sections containing lists of document deliverables and the project documents rather than listing these documents again.

B.3. Management (section 3)

Section 3 of the Quality Plan describes the organisation that influences and controls the quality aspects of the project, together with the associated tasks and responsibilities.

B.3.1. Quality organisation (section 3.1)

This section shall describe the organisational structure that influences and controls the quality of the deliverables.

The section shall include the following:

- A diagram showing the organisational structure and elements associated with quality aspects of the project.

- Highlight any overlap of responsibility with regard to software development and quality assurance. This is normally achieved by using the diagram to indicate for each element whether it is responsible for Quality activities, Development activities, Other activities, or combinations of these.

- A description of each organisational element and its delegated quality, and development responsibilities.

B.3.2. Quality tasks and responsibilities (section 3.2)

This section describes the quality tasks to be performed as part of the project, and the relationships between these tasks and the planned major check-points for each life cycle phase covered by the Quality Plan. The major check points are the management reviews conducted in accordance with Reviews & Audits document.

Strictly this requires the following.

1. A complete list of the quality related tasks to be performed in each of the life cycle phases identified in section 1 of the Quality Plan, and identification of the organisational element responsible for them, (from section 3.1 of the Quality Plan). The quality related tasks include walkthroughs, reviews, audits, inspections, and configuration management tasks.

2. Specification of the dependency relationship between each of these quality related tasks and the planned management reviews.

The inclusion of this information would duplicate the information present in the project schedule, and provide a huge amount of detail in the Quality Plan. Thus this section of the standard shall include the following.

1. A table showing the types of quality related tasks performed during the project and identifying the organisational element responsible for each.

2. A sequential list of the life cycle phases identified in section 1.3 of the Quality Plan, indicating the timing relationships between them and the planned Management Reviews of the project.

3. A statement specifying the dependencies between the planned management reviews and the quality related tasks scheduled for completion since the last management review. (Any specific exclusions would need to be identified.)

4. A reference to the project schedule which shall comply with the following requirements:

    - It shall show all quality related activities as discrete tasks in their proper relationship to their associated tasks. (For example the technical review of each document shall be shown as a discrete task occurring after the writing of the document.)

    - Shows the planned management reviews of the project in their proper timing relationships to other project tasks.

    - Allows a report to be produced that shows only the quality related activities, and the timing relationships between them. This report should be reviewed in conjunction with the Quality Plan.

    - Allows a report to be produced that shows all project tasks but highlighting the quality related tasks.

An example for this section follows.

The following table shows the types of quality related tasks performed as part of the project and the organisational elements responsible for them.

Type of quality related task performed during the project	Organisational element responsible
Management review	Steering committee
Walkthrough	Development Manager
Technical review	Development Manager
Audit	Quality manager
Inspections	Development Manager
Configuration management activities in accordance with the configuration management plan	Configuration Manager

Table 6. The positions responsible for types of quality tasks

Each management review shall check that all quality related tasks scheduled for completion since the last management review have been completed according with relevant standards.

The timing relationships for these tasks are detailed in the project schedule (ref 'x'). The quality related tasks all have a unique keyword of QUALITY in the 'y' field allowing them to be highlighted with the schedule or to be the only tasks displayed.

B.4. Documentation (section 4)

Section 4 of the quality plan identifies those documents generated as part of the project development process including deliverables and excluding those standards that are developed specifically for the project. The method of filing and reviewing the documents is covered also.

B.4.1. Identification and filing of project documents (section 4.1)

Section 4.1 of the quality plan indicates how documents are named and filed.

B.4.2. Project document standards (section 4.2)

This section contains a list of the documents, produced during the life of the project, along with the relevant standards.

For each project document show the standard to which it must comply, and the phase of the project life cycle in which it is produced. This information is used as a means of verifying compliance.

The information is normally given in a table such as the example below, which contains the minimum documents required. Most of these documents are prescribed by companion books in this same series as the one you are currently reading.

Project Life cycle phase	Documentation produced at this phase
Specification	Software Requirements Specification
Project approval	Project plan Quality plan Project agreement Config. Management Plan
Design	Software Design Description

Implementation	User Documentation Installation documentation
Test	System test plan System test summary report
Install	
Operation & Support	
Maintenance	
Retirement	

Table 7 - Documents with their applicable standards.

In conjunction with this table a statement such as the following shall be made to indicate the means of verification.

"All above documents are checked against the applicable standard(s), as part of the technical review, in accordance with Reviews and Audits book."

B.5. Standards, practices, conventions & metrics (section 5)

This section identifies the standards, practices, conventions and metrics being applied to the project, along with a description of how compliance of these items is to be monitored and assured.

B.5.1. Standards (section 5.1)

- This section identifies the standards being applied to the project as part of the quality plan and how compliance is verified. These standards are grouped under the following process headings.

- Documentation standards.

- Programming standards.

- Metrics standards.

- Testing standards.

This information is normally given in a table.

B.5.2. Practices & conventions (section 5.2)

This section identifies the practices and conventions being applied to the project. These practices and conventions are grouped according to the project's development activity.

These include material such as the local standard operating procedures identified in section 11 of the quality plan.

B.5.3. Metrics (section 5.3)

This section identifies the metrics to be used to measure project performance against the quality objectives. In addition to this, the section provides a description of how compliance of these items is to be monitored and assured. Normally this would be via management review.

This section shall detail the complete set of metrics to be gathered during the project. This must include and identify those referenced in section 1.2 of the quality plan. The section usually includes a reference to the software quality management system metric document.

B.5.4. Project debrief (section 5.4)

A project debrief shall be scheduled and undertaken in the closing stages of the project to identify problems with the conduct of the project and the corrective action required for later projects.

B.6. Reviews & audits (section 6)

This section defines the technical and managerial reviews and audits to be conducted, when they are scheduled, how they are to be accomplished and what is required as a result of them. The following can be referred to.

- The Project Schedule shall be referred to for the review and audit dates currently scheduled.

- Reviews and Audits for the way the reviews and audits shall be conducted.

Management reviews and their instructions will be referred to the Steering Committee for corrective actions as per the Steering Committee terms of reference.

Technical reviews and audits with their recommendations will be referred to the Project Manager for further action.

B.7. Test (section 7)

This section identifies those testing standards being applied to the project and any additional testing which is to be performed, and the main test summary report. A review of these test results shall be conducted at test completion.

The following standards apply to this section.

- All test documents comply Software Test Plan document.

- All test activities comply with Software Test Plan document.

- Test report shall comply with Software Test Plan document.

B.8. Problem reporting & corrective action (section 8)

This section describes the practices and procedures to be followed for reporting, tracking and resolving problems identified in both software items and the software development and maintenance process.

It is sufficient to indicate that the practices and procedures will take place in accordance with the appropriate software quality management system standards. The following example is sufficient.

B.9. Tools, techniques & methodologies (section 9)

This section identifies the special software tools, techniques, and methodologies that support the quality process.

The actual tools may be listed here or a reference may be made to section 4.1 Methods, Tools & Techniques - of the Project Plan.

B.10. Code control (section 10)

This section defines the methods and facilities used to maintain, store, secure, and document controlled versions of the identified software during all phases of the software life cycle.

The actual information should already be listed in the configuration plan. If this is the case a statement indicating the standards that the configuration plan adheres to, or a reference to the configuration management plan, is sufficient.

B.11.Media control (section 11)

This section states the methods and facilities to be used for the following.

- Identification of the media for each computer product and the documentation required to store the medium, including the copy and restore process.

- Protection of computer program physical media from unauthorised access or inadvertent damage or degradation during all phases of the software life cycle.

(Local standard operating procedures in the development office should be referenced here.)

B.12.Supplier control (section 12)

This section states the provisions for assuring software provided by suppliers meets established requirements.

B.12.1. Individual contractors (section 12.1)

Contractors are subject to software quality management system requirements in the same way as employees.

B.12.2. Supplier quality & control (section 12.2)

The requirements for this section should be outlined in the supplier contract.

B.12.3. Suppliers quality system (section 12.3)

The quality manager reviews suppliers' quality assurance plans and also audits their quality management system according to Reviews & Audits. The project schedule identifies when this is to occur.

B.12.4. Control of purchased software products (section 12.4)

Prior to purchase, the specifications of all software products are checked for compliance with project requirements. They are acceptance tested and placed under configuration management. Regression testing is performed prior to upgrading the version of the products. A list of all software purchased for the project indicates the control condition.

B.13. Records collection, maintenance & retention (section 13)

This section identifies the quality documentation to be retained and states the methods and facilities to be used to assemble, safeguard and maintain this documentation.

The quality records for the project are those deliverables from the quality tasks identified in Section 3.2. They may include the following.

- Management and technical review records.
- Contract review records.
- Acceptable contractors and sub-contractors reports.
- Unacceptable customer supplied material reports.
- Product identification and traceability reports.
- Testing documentation.
- Audit plans and reports.

For this section it is sufficient to state the following.

"All documentation relating to quality activities (quality records) are subject to the following - They are collected and filed in accordance with the Project Documentation Register.

The methods and facilities used to assemble, safeguard, and maintain the software quality related documentation and designate the required retention period are described in the configuration management plan.

B.14. Training (section 14)

This section identifies the training activities necessary to meet the needs of the quality plan.

The required skills of the project team to meet the needs of this quality plan are listed under the following groupings.

B.14.1. Project quality representative (section 14.1)

This section identifies the skills and knowledge required by the quality assurance representative (QAR) and where training is required.

B.14.2. Project team (section 14.2)

This section contains a list of the project team and indicates the type of training, if any, that each member must undertake to meet the needs of the quality plan. A statement covering all members in the team may be sufficient if they require similar training.

B.15.Risk management (section 15)

This section specifies the methods and procedures employed to identify, assess, monitor, and control areas of risk arising during the portion of the software life cycle covered by the quality plan.

B.15.1. Introduction

Risk Management is handled in accordance with accepted Risk Management practice.

The techniques are structured in two sets of management activities: the first is Risk Assessment (Situation Appraisal & Risk Analysis); the second set is Risk Containment (Awareness Recognition & Risk Avoidance). The technique also calls for management feedback to provide Continuous Monitoring.

The greatest risks to a project are cost and time over-runs. These two factors are identified by:

- Financial tracking reports, recording predicted costs against actual. These are the responsibility of the Project Manager.

- Project schedule, which has been agreed with the client, and reviewed at key, end-of-phase points.

B.15.2. Risk assessment

Risk assessment is the responsibility of the Project Manager. Risk Assessment will be conducted prior to the commencement of each (methodology) phase.

B.15.3. Risk scenarios

The outcomes of each risk assessment (scenario) will be documented in Section 3.3.2 of the project plan. The assessment outcomes for each new project phase will replace the previous content of that section in the updated project plan.

B.16.Quality plan approval

The quality plan shall be approved by the developer's Manager prior to submission to the customer or before project approval.

B.17.Quality plan changes

A quality plan is a quality record and is therefore a controlled document. Changes shall be managed using the project change control process. The quality manager, or a nominated delegate, approve changes to the quality plan.